LA RÉPUBLIQUE ROSE.

Imprimerie de Gustave GRATIOT, 11, rue de la Monnaie.

LA
RÉPUBLIQUE ROSE

PAR

M. RÉDAREZ SAINT-RÉMY.

PARIS

D GIRAUD ET J. DAGNEAU, LIBRAIRES-ÉDITEURS

18, RUE GUÉNÉGAUD (ANCIEN 24)

1850

LA RÉPUBLIQUE ROSE.

PREMIÈRE PARTIE.

CHAPITRE I.

Proœmium.

Je faisais un rêve couleur de rose... mille tableaux pleins de charmes se dessinaient à mes yeux... Le soleil versait sur nos campagnes des torrents de lumière... Le front de la France brillait d'une auréole éclatante... J'étais au comble du bonheur!

Je m'éveille au milieu des éclairs, au bruit du tonnerre. Les nuages d'or qui flottaient au-dessus de nos têtes ont pris tout à coup une teinte sombre, et le ciel qui m'était apparu si beau, si pur, se transforme en un ciel d'airain.

Je me réjouissais! je m'écriais : Sion va renaître plus belle que jamais!... Et je pleure!... car Jérusalem a encouru la disgrâce du Seigneur!

Vous m'avez gâté ma République!...

Petits grands hommes qui me l'avez gâtée, vous avez à m'en rendre compte.

Vous allez m'en rendre un compte sévère.

Ah! messeigneurs, qui trônez si majestueusement sur un canapé, vous vous croyez bien forts!... parce que vous savez arrondir une phrase, parce que vous savez faire un discours dans toutes les règles de l'art oratoire, parce que vous avez fait votre rhétorique et votre philosophie à l'université d'Oxford, vous vous croyez propres à tout et même à gouverner les hommes! C'est cette dernière science qui vous manque ; elle demande de la logique, vous n'en avez pas; elle demande la connaissance du cœur humain, vous ne vous en doutez pas.

La psychologie des peuples vous est étrangère.

Vous accusez le pauvre peuple d'ignorance. C'est votre procès que vous faites. Vous lui en voulez à ce pauvre peuple de ce que vos élucubrations et vos utopies (les utopies sont aussi bien en haut qu'en bas) s'évaporent aux rayons du soleil, ou s'éteignent comme les feux follets du cimetière ; vous lui en voulez enfin, parce que votre édifice ne peut pas tenir sur sa base.

Semblables à ces enfants qui font des châteaux de cartes et qui, ne pouvant parvenir à les élever jusqu'au second étage, et voyant leur ouvrage s'écrouler, s'en prennent en trépignant à tout ce qui les entoure, camarades, frères, sœurs et bonnes. Ils ne veulent pas convenir que leur maladresse est la seule cause pour laquelle l'édifice s'affaisse et s'éparpille.

Vous êtes étonnés que votre voix se perde dans le désert, que vos paroles n'aient plus d'autorité et qu'elles n'électrisent plus notre ardente jeunesse.

Qu'est-ce à dire? avez-vous oublié que vous fûtes révolutionnaires? n'est-ce pas vous qui, par vos discours et par vos écrits quotidiens, à l'époque où un gouvernement irréfléchi menaçait la liberté et lui serrait les menottes, nous avez réunis sous votre drapeau, et nous avez conviés à vous suivre à la conquête de la toison d'or? Nous avons brûlé nos vaisseaux en abordant au rivage. Vous, plus avisés, vous avez conservé votre canot et d'un coup de pied vous avez gagné le large ; en reculant vous avez conquis des portefeuilles ; c'était votre toison d'or. Que ne le disiez-vous? Nous aurions encore Polignac.

Abandonnés sur le champ de bataille, nous y sommes restés combattant pour le triomphe des idées nées de votre cerveau.

Varus mourut au milieu de ses légions. Vous avez livré les vôtres en holocauste au dieu Teutatès, et parce que vous avez changé de religion, que vous avez déchiré le nouvel évangile que vous avez prêché, et que vous en avez jeté au vent les feuillets, un à un, afin de donner du lest au navire qui portait votre fortune, parce qu'enfin vous avez passé dans les rangs ennemis, avec armes et bagages, vous prétendez que nous devons vous suivre! Retirés dans notre forteresse, sur notre mont Sacré, vous flattez-vous de pouvoir nous ramener par des fables comme Menenius Agrippa?

Le temps des fictions est passé! la lumière s'est faite! les bandeaux, longtemps placés sur nos yeux, sont tombés; il fait grand jour pour tout le monde; chacun, Dieu merci, y voit clair. Tout le monde aspire au règne de la probité, tout le monde a soif de morale, tout le monde veut que la vérité ait son temple au soleil, et non dans les profondeurs d'un puits.

Arrière donc les apostasies, les palinodies! Arrière donc les renégats, les turlupins, les prestidigitateurs!

Tombent de leur trône de papier mâché tous ces petits Talleyrands, brouillons et finassiers, qui hérissent de difficultés les questions les plus simples, tout afin de mieux pêcher en eau trouble, et qui mêlent si bien les fils d'une pelote, qu'il n'est plus possible de sortir du labyrinthe dans lequel ils vous ont fait entrer. Et notre sort est d'être dévorés par le Minotaure.

Le Minotaure est la révolution qui mange, qui engloutit dans son vaste estomac les plus dignes hommes.

Malheur à ceux qui font les révolutions!

Malheur à ceux qui provoquent les révolutions!

C'est la fatuité qui ne veut point reculer à propos qui produit ces cataclysmes.

Le fat, dans son engouement, ne veut jamais avoir tort; c'est le peuple indocile qui se cabre et refuse le frein.

Erreur !

Le peuple ne fait point les révolutions.

Le peuple finit les révolutions.

Grands historiens, lisez l'histoire, lisez l'histoire que vous avez écrite. Pour un gladiateur Spartacus, vous avez dix Cinnas, vous avez dix Catilinas, vous avez dix marquis de Bedmar. Les conspirations se trament en haut et rarement en bas.

Les exemples fourmillent.

Et vous, hier conjurés, aujourd'hui juges, assis sur vos chaises d'ivoire, ne tremblez-vous pas que Cambyse ne revienne et ne vous fasse tenailler la peau ?

Aux yeux des adorateurs d'un certain culte, vous aussi vous méritez la corde.

Le passé pèse sur vous ; vous ne le ferez point oublier par vos rigueurs.

Debureaux politiques, vous avez beau vous enfariner, vous n'obtiendrez pas grâce.

Ah ! que j'aimerais vous voir dans la rue de Poitiers, où se tient la cour plénière du roi Petaud, berceau de la chao-machie où nous avons le bonheur de vivre ! Oui, je donnerais mon petit doigt pour être témoin de votre rencontre avec l'ami du chef des Kabyles, au moment où, lui tendant la main, il avance dédaigneusement et nonchalamment son index. Ses traits malins, quoique bouffis, semblent vous dire : Ah ! coquin, toi qui m'as fait marquis pour rire, si jamais je deviens marquis tout de bon, tu peux t'attendre à être rasé et jeté dans les quatre murs d'un cloître. Mais avez-vous jamais su lire dans le cœur des hommes, vous qui proclamez qu'il n'y a rien à faire?

Rien à faire !

Quand tout est à changer, à refondre, à retourner depuis l'ignoble duc des Champs-Élysées jusqu'au noble savetier Savinien !

Et ce sont des hommes éminents, des hommes d'élite,

qui ont des siéges à toutes les académies, au prétoire ; qui ont des chaires de science pour enseigner à la jeunesse les vérités éternelles, comme Platon à Athènes; ce sont des historiens qui osent proférer un pareil blasphème !

Dans ce champ si fécond de l'histoire des peuples, c'est tout le fruit qu'ils ont pu recueillir !

Dans ces monuments détruits ou renversés, dans ces faits inouïs, infimes ou majestueux, dans ces mouvements, dans ces oscillations qui ont si souvent fait vibrer la terre jusqu'à ses deux pôles, dans ces révolutions incessantes, aucun enseignement n'a frappé leurs esprits !

Mais aussi ce n'est point de l'étude, ce n'est point de la philosophie, ce n'est point de la profondeur. C'est remuer la terre, ce n'est point la creuser; c'est de la compilation, de la spéculation mercantile.

En un mot, c'est Quinte-Curce, ce n'est point Tacite.

Hommes de cœur, philosophes, à l'œuvre ! tout cela est à refaire.

Docteurs pétris d'orgueil, vous nous regardez avec pitié; nous vous inspirons le dédain; nous sommes sans foi, sans respect, sans considération pour vos personnes, pour vos sermons ! Qui nous a pervertis ? qui a troublé notre foi? qui a jeté le doute dans nos croyances? c'est vous-mêmes; ce sont vos discours de la veille, vos discours du lendemain; c'est votre conduite d'hier, votre conduite d'aujourd'hui; vos marches, vos contre-marches, vos hérésies.

Croyez-vous que, si Moïse eût adoré le veau d'or, le culte du vrai Dieu n'en eût point été ébranlé ?

Croyez-vous que, si le Christ eût renié le lendemain sa doctrine de la veille, il eût eu le pouvoir de chasser les marchands du Temple ?

Qu'est-ce à dire? parce que vous avez dansé devant le tabernacle du Seigneur et que vous avez dansé devant le veau d'or, il nous faut danser et sauter avec vous ?

Vous n'avez droit qu'à notre mépris.

On ne doit point jouer à la gouvernementabilité, comme disait Louis XVIII.

Un homme d'État, un ministre n'est pas un comédien; il ne doit pas endosser tantôt l'habit d'or du glorieux, tantôt la casaque de maître Jacques. L'homme qui tient le gouvernail du vaisseau de l'État remplit un sacerdoce.

Avant d'y poser la main pour en prendre la direction, il doit savoir la route qu'il a à tenir, il doit connaître l'inconstant élément sur lequel il va naviguer, il doit avoir appris sur quelles étoiles du firmament il se guidera. S'il dévie, il tombe sur des récifs cachés où il se brise et fait naufrage.

Cette science est le fruit d'un demi-siècle d'études profondes. Honte et malheur à celui qui, y ayant consacré sa vie entière, et qui, porté par le sort à ce poste élevé, se croit forcé, par des obstacles qu'il rencontre, à reculer, à tâtonner, à biaiser, à enfin renier son passé, à immoler ses anciennes convictions sur un nouvel autel!

Le sacrifice de propitiation qu'il fait sur la table d'or de la nouvelle arche sainte ne le lave point de la lâche apostasie. Il tombe, il meurt, et les eaux du Léthé l'ensevelissent à jamais.

Ah! plutôt alors, par un effet sublime, abandonner le gouvernail à des mains plus vigoureuses; plutôt, par une noble abnégation, s'éclipser, s'éteindre et aller modestement reprendre la toque de Patru ou la robe d'Abeilard, monter à son cinquième étage, recommencer ses Catilinaires, ou enfin, comme Cincinnatus, retourner à sa charrue.

Et toi, plèbe aveugle, qui ne sais que déchirer, dont la main brutale casse, brise, sans savoir rien rapiécer; toi, sot imitateur de ce sauvage qui, d'un coup de hache, abat un cocotier pour en cueillir un fruit, afin de satisfaire sa soif, et qui prive ainsi vingt de ses frères de se désaltérer au soir, ne crois pas échapper à ma verte réprimande; ne crois pas éviter les coups de ma béquille.

Ah ! tu veux être souverain pour mettre tout sens dessus dessous ! Tu brûles le trône au pied de la colonne de Juillet; tu traînes dans le ruisseau le manteau de velours à franges de soie et d'or, et de ton établi tu veux faire un trône, et de ta blouse un manteau royal.

Qu'avons-nous donc gagné ?

Qu'avons-nous donc perdu ?

A la place de la tyrannie royale, faut-il subir la tyrannie populaire ?

Tes droits ! tes droits ! mais jamais un hobereau de campagne fut-il plus entiché de ses droits seigneuriaux !

Bon peuple, peuple amusant, je t'ai vu dans la rue, la casquette sur l'oreille, la pipe à la bouche, l'air hautain et insolent, tendre le jarret et regarder autour de toi, la tête penchée vers l'épaule, absolument comme les marquis d'autrefois.

J'ai aperçu ton orgueil à travers les trous de ta blouse, et au défaut de ton soulier, j'ai cru voir un talon rouge.

Tous les marquis, marquis de salon, marquis de la rue, dans tous les temps, sont décidément ridicules.

Là, ils crachent dans un puits pour faire des ronds; ici, ils font la roue.

Je ne t'en veux pas, tout est permis, au jour des saturnales. Je te plains, ignare, au même degré dans ton échoppe que ton antagoniste dans son palais. Sans principe arrêté comme lui, sans plan comme lui, tu as erré à l'aventure sur une mer inconnue; et ballotté par les flots, tu es venu, comme lui, te heurter sur les pointes des mêmes brisants que l'un et l'autre, dans votre cécité, vous n'avez point aperçus. Dans ce moment suprême, ainsi que l'homme qui se noie, tu as saisi avec empressement le premier point d'appui qui s'est offert sous ta main comme une planche de salut. Des pilotes se sont présentés pour te diriger dans ta marche ; mais eux-mêmes, sans boussole, désorientés, divisés au point de départ sur la direction à prendre au milieu de cet océan soulevé, ils t'ont lancé, au hasard, au milieu de tous les gouffres ; haletant, brisé, mutilé, tu t'es affaissé sur toi-même, et tes esprits se sont troublés et ta raison s'est égarée. Ah ! pour courir ainsi les aventures, pour chercher à découvrir des terres inconnues, le plus souvent incultes, pour te laisser séduire par un mirage fantastique, il fallait que tu eusses bien faim ! Que ne puis-je t'apaiser ! Bien coupables, bien ineptes sont ceux qui se refusent à tous les sacrifices pour arriver à faire cesser les cris légitimes de ton estomac.

Tu ne t'appartiens plus, tu as vendu ton âme à Méphistophélès ; tu es devenu la proie des intrigants ; tu es tombé aux mains des empiriques ; bercé par de vaines chimères, ébloui par des illusions, obéissant à la voix de tes sycophantes, Don Quichottes livrés aux influences d'un magicien mystérieux, tu rêves aux délices de l'île de Barataria.

Sous l'influence délétère de quelques enfants perdus de l'école baconnienne, ton âme est devenue muette ; ils ont parlé à tes sens ; ils ont parlé à ton ventre ; au lieu de lui donner une nourriture suffisante et facile à supporter, ils t'ont invité à un grand banquet ; mais là encore sont apparus, en lettres de feu, les trois mots mystérieux qui brillèrent jadis, flamboyants, au milieu du fatal festin de Balthazar.

A quelle doctrine t'es-tu rallié ? quel dogme as-tu embrassé parmi tous les schismes qui sont venus tour à tour t'assiéger ?

Que veulent tous ces sectaires, eux qui ont aussi sali, éclaboussé ma République ?

Que veulent aussi nos hauts barons, ces tripotiers, ces royalistes ? Vous tous qui avez balafré ma République, nous allons voir si vos désirs extravagants peuvent se réaliser pour le bonheur général ; nous allons voir si vos prétentions sont fondées ; nous allons voir si vos armes sont empruntées à la raison, à la logique, à la morale, à la politique humanitaire.

Vous allez défiler sous mes fourches caudines.

CHAPITRE II.

La monarchie.

SECTION I.

Il est un parti grand et puissant, soi-disant ; à l'entendre, il n'aurait qu'à ouvrir la bouche, comme Gargantua, pour engloutir dans son vaste estomac l'armée, la garde mobile, les républicains de la veille et ceux du lendemain. Ce parti formidable s'est tellement pelotonné et ratatiné, le 24 février 1848, qu'au bruit d'un carreau cassé, non loin de la rue Saint-Nicaise, il a pu entrer dans un trou de souris. Le carreau replacé, enchâssé, bien mastiqué, il est sorti de sa cachette. D'abord, tremblant et timide, il se hasarde dans la rue ; il pose le pied avec précaution sur le pavé ; le pavé n'est plus mouvant, il se rassure ; les voitures roulent sur les barricades. Il voit passer la République souriant à tout le monde ; lui aussi de sourire gracieusement. La République est si bonne fille ! Qui ne l'aimerait ? On lui tend la main ; elle la prend et la presse avec transport ; on secoue ses doigts et on se dit : Oh ! oh ! elle est forte !

Qui en doute ? Comme Hercule, à son berceau, elle a déjà étouffé deux serpents.

Ses formes sont athlétiques ; elle n'est pas facile à violer. Il faut tourner la forteresse. Vive la République ! s'écrie-t-on à s'enrouer ; nous sommes des vôtres ! Les voilà dans la place ; on prend position ; on agit de ruse ; on prépare la mine. L'impunité pousse à l'insolence ; les attaques deviennent plus vives ; on ose discuter son principe ; on met en doute son existence ; enfin on la repousse, on l'insulte, on veut la faire sauter.

Lisez la fable de *la Lice et sa Compagne*. A tant d'attaques elle répond par le mépris. Ses ennemis ne l'ébranlent point ; elle est de fer. Ils sont comme le serpent contre la lime. Tous les moyens sont mis en œuvre pour la déconsidérer, pour la rendre impossible !

Enfin, le mot est lâché. On brûlait de le dire depuis longtemps ; on en avait le cœur gros.

La France ne peut vivre sans monarchie ! s'écrie-t-on.

Et le salon et la sacristie de répéter :

La France ne peut vivre sans monarchie !

On élève un drapeau. Quelle est sa couleur ? son emblème ? Est-ce la bannière de Clovis, avec le dragon aux ailes déployées ? Est-ce la chappe bleue de saint Martin ? Est-ce l'oriflamme rouge aux flammes d'or ? Est-ce le drapeau blanc aux lis d'or de Philippe-Auguste ? Est-ce celui de Charles VI, bleu avec la croix blanche ? Est-ce le drapeau blanc d'Henri IV ?

Marchons. — Où allons-nous ? sous l'invocation de quel saint ? Portons-nous nos pas en avant, ou les portons-nous en arrière ?

A l'abri de quelles lois ? Sous quelle charte ?

Est-ce la loi Gombette ? Les capitulaires de Clotaire ou les capitulaires de Charlemagne ? Sont-ce les ordonnances du bon plaisir, la charte constitutionnelle octroyée ?

Toutes ces questions sont loin d'être oiseuses : parmi les dynastiques, il y a aussi des utopistes ; et, dans l'état des choses, ils pourraient bien être tous utopistes.

Le principe ! l'autorité ! l'hérédité ! la légitimité !

Voilà ce que l'on proclame. Dans quel intérêt ? Ce ne peut être que dans leur propre intérêt ; car quels avantages le peuple a-t-il jamais retirés de la monarchie ? L'expérience a été assez longue.

Depuis Pharamond, dont on conteste même l'existence, nous avons eu des monarchies de toutes les couleurs. Je ne veux pas les éplucher une à une.

SECTION II.

Prenons le globe de la main de Charlemagne. La France y est représentée grande comme une coquille de noix; réduisons de même notre histoire, et divisons-la par races.

Nous allons voir, en peu de mots, les douceurs tant vantées de la monarchie, et comment elle a respecté la vie, la propriété et la liberté.

La première race, celle des Mérovingiens, a une physionomie à elle seule toute particulière.

L'amusement des rois était de s'entr'égorger, de se marier et de divorcer sans façon aucune, d'avoir une demi-douzaine de concubines, de se détrôner et d'envoyer le vaincu dans un cloître, après lui avoir fait subir la torture. Il y avait aussi des roitelets, qu'on appelait maires du palais, qui tenaient le roi en chartre privée. Alors les ducs parlaient plus haut que le roi.

L'anarchie n'était pas dans la rue; elle était dans les palais.

Et le peuple ! Oh! le peuple était des plus heureux !

On lui cassait un bras, une jambe; on lui coupait les oreilles; on le mettait au carcan, à la torture pour la moindre peccadille; on lui enlevait sa femme, mais on la lui rendait, il faut être juste..., le lendemain. S'il passait devant son seigneur, sans se prosterner, le seigneur l'envoyait au moulin pour y tenir l'emploi de l'âne; et, pour un vol, on lui crevait un œil. Il faut être impartial : il y avait aussi des peines pour les seigneurs. Les lois étaient empreintes d'une admirable justice; et pour les rendre plus respectables, elles étaient sanctionnées par le clergé.

Ainsi, pour un bras cassé, le seigneur coupable était

condamné à payer un sou d'or; pour une jambe, deux sous d'or. Et le patient faisait raccommoder le membre endommagé, s'il pouvait. Lorsque, pour enlever la femme, on tuait le mari, le meurtrier en était quitte pour 200 sous d'or, si c'était un ingénu, et pour 45 sous, si c'était un tributaire. Enfin, tous les crimes étaient rachetables aux yeux du bon roi Gondebaud. Et le pape avait béni ta bulle qui contenait le tarif de chaque péché gros ou petit. Je vous engage à la lire pour votre édification; cela en vaut la peine. Je vous assure que cette législation était fort commode, et qu'il est à regretter qu'elle n'existe plus.

SECTION III.

La seconde race, dite des Carlovingiens, se présente sous des traits non moins remarquables.

L'amusement des rois se ralentit; mais ce fut le tour des ducs, des barons de s'amuser à s'entr'égorger, de se piller, de ravager châteaux et contrées, et de détrousser les voyageurs.

Chaque petit seigneur se formait une petite cour où il jouait à la royauté; il avait son code, il avait sa justice, il avait même son bourreau, quand il ne l'était pas lui-même; cela s'appelait le droit d'avoir des fourches patibulaires. Le châtelain avait droit à trois; le baron à quatre; le comte à six; le duc à dix; le roi à autant qu'il voulait. Ah! le joli droit du seigneur! il levait des impôts, il rançonnait, il extorquait, il bâtonnait.

La propriété était sans défense.

Tout était permis, du moment que le fieffé avait rempli les charges de la redevance envers son suzerain, à son tour fieffé de haubert.

C'était le beau temps de la féodalité.

L'anarchie n'était pas dans les cités, elle était dans les châteaux.

Et le peuple ! Oh ! le peuple était des plus heureux !

Outre que sa propriété était sans cesse menacée, il avait l'avantage d'être corvéable et taillable à merci, et, pour couronner ce chef-d'œuvre de spoliation, il avait la dîme à payer : c'était là sa consolation.

Nos pères savaient tout cela; ils s'en sont trop bien souvenus, il y a quelque soixante ans; mais la plupart de leurs neveux l'ignorent. Instruisons-les.

Savez-vous ce que c'était que la dîme ? savez-vous ce que c'était que d'être taillable et corvéable, vous, bons fermiers, vous, bons vignerons, vous, bons laboureurs, vous tous enfin, bons paysans ?

Tout individu roturier,

C'est-à-dire tout individu qui n'avait pas l'honneur d'être né noble, était taillable et corvéable.

Quand vous aviez le bonheur d'être sous la domination d'un seigneur, mille bienfaits pleuvaient sur vous.

S'il mariait monsieur son fils, vous contribuiez aux frais de la noce; une taille.

S'il venait au monde haute et puissante princesse, nouvelle taille; nouvelle taille encore à chaque haut et puissant principicule.

Mais aussi on avait l'avantage de la corvée en compensation : c'était de travailler gratis pour monseigneur.

On lui devait tant de journées par an, par mois, par semaine : on lui faisait ses foins; on lui curait ses fossés; on était assujetti à mille coutumes plus drôles les unes que les autres et toujours des plus humiliantes, mais quelquefois amusantes, par exemple à faire la chasse aux grenouilles, pour leur couper la parole, afin que monseigneur n'en fût pas incommodé, lorsqu'il voulait faire sa sieste.

Et la dîme ! on en parle souvent; mais beaucoup des neveux de nos pères n'en connaissent pas la classification ingénieuse.

Et d'abord, qu'est-ce que la dîme ? la dixième partie

des fruits de la terre et autres choses qu'on payait à l'Église et aux seigneurs.

Il y avait trois sortes de dîmes :

Les grosses dîmes,

Les dîmes de charnage,

Les vertes dîmes.

Les grosses dîmes se percevaient sur le blé, sur le vin, sur l'huile.

Vous aviez dix setiers de blé, ou dix sacs au grenier, il en revenait un au seigneur ou à l'abbé; si l'abbé en avait de trop, comme toujours, il vous vendait votre sac argent comptant.

Vous aviez du vin, on venait, soit au pressoir, soit à la cave; on vous en enlevait un tonneau sur dix.

Les dîmes de charnage étaient imposées sur les bestiaux, porcs, moutons, veaux, poules et autres. Si vous aviez des poules dans votre basse-cour, la plus grosse sur dix était pour l'abbé; ainsi des canards, des oies, des dindons.

Vous aviez des œufs; le dixième était pour le château ou pour le presbytère. N'étiez-vous pas bien heureux ? Vous aviez toujours un placement certain de votre denrée.

Les vertes dîmes se prélevaient sur les légumes dans la même proportion.

Les carottes et les navets ne coûtaient pas cher à ces messieurs.

C'était l'ancien temps ! le bon temps! Pardieu ! je le crois bien ! demandez aux marquis de Carabas et aux curés.

SECTION IV.

La troisième race, celle des Capétiens, se montre sous deux aspects bien distincts.

Jusqu'à François Ier, la féodalité croît, s'embellit, et s'épanouit comme une fleur, avec son cortége obligé dont nous venons de donner une séduisante peinture.

Le clergé, toujours complice des grands, quand il s'agit de pressurer le peuple, ne grandit pas moins. Il était devenu tout-puissant. Rome était la métropole du monde, et l'humble serviteur de Dieu commandait aux rois, ôtait et donnait les couronnes.

Le triumvirat papal de nos jours, les nouveaux Octave, Antoine et Lépide sont absolument taillés, à en juger par leurs prouesses, pour ressusciter ce beau temps de la tiare.

A partir de François Ier jusque vers la fin de la race, la France voit avec joie s'élever un nouveau trône à côté de celui de la royauté : le trône du boudoir.

C'est le règne des favorites qui fleurit à son tour.

Vous avez une grâce à demander, une faveur à obtenir, une cure, un emploi, même un régiment ; c'est la favorite qui donne tout cela. Un ministre lui déplaît, elle le change ; tout cela est assaisonné des aménités de l'inquisition, des auto-da-fé des manichéens, des égorgements de la Saint-Barthélemy, des turpitudes de la régence, des dragonades et de bien d'autres gentillesses.

Quant à la liberté des citoyens, elle dépendait du caprice du premier venu qui obtenait, au petit lever de monsieur le cardinal, une lettre de cachet, et vous envoyait à la Bastille jusqu'à ce que votre femme ou votre fille, si elles étaient jolies, vinssent implorer votre élargissement.

Sous le saint ministère du cardinal Fleury, aux beaux jours de la régence, on lança la bagatelle de cent mille lettres de cachet.

C'est là le bon vieux temps ! pardieu ! je le crois bien ! Demandez aux Guillaume Dubois ; on en trouverait encore sous des robes rouges et sous des gilets de velours à paillettes d'or.

Vous voyez combien, sous la première race, la vie du peuple était chose sainte !

Sous la seconde race, combien la propriété était sacrée !

Sous la troisième race, combien la liberté était respectée.

Remarquez que je ne fais pas l'histoire complète de la monarchie. Qu'on ne m'accuse point de partialité, je sens comme un autre mon cœur de Français battre pour ma patrie. Loin de moi la pensée de l'avilir ; je ne suis que narrateur.

Je ne parle pas de notre valeur incontestée, ni des sciences, ni des arts, dans lesquels nous tenons le premier rang parmi les nations ; toutes ces auréoles qui environnent d'un si magnifique éclat le front de la France, sont indépendantes de la royauté.

Quoi qu'il en soit, dans cette longue série de rois et de ministres depuis quinze siècles, à l'exception de un ou de deux rois, à l'exception de Sully, de Colbert, de Turgot, aucun n'a eu une seule idée généreuse, sainte, sympathique pour protéger le peuple, pour le soulager dans sa misère, aucun n'a pensé à venir en aide à la classe des travailleurs.

Semez toutes les idées de ces hauts et puissants seigneurs ; mettez-les en serre-chaude, sous châssis et sous verre ; exposez-les aux rayons bienfaisants du plus beau soleil, vous n'en recueillerez pas un grain de mil. Semez les idées de Colbert et de Turgot, vous récolterez des moissons.

Est-ce cette monarchie dont on voudrait gratifier notre France si grande, si intelligente ?

Est-ce la monarchie avec une charte ?

Octroyée ?

Consentie ?

Nous verrons.

Mais sur quel grand principe se fonde-t-on ? Examinons.

CHAPITRE III.

La légitimité.

La légitimité est une niaiserie ; elle ne fut pas inventée dans l'intérêt du peuple : le peuple ne peut abdiquer. On le comprime, on l'étouffe ; mais, tant qu'il respire, il est toujours prêt à ressaisir sa souveraineté. Mort, quelquefois il soulève la pierre de sa tombe et se venge de ses tyrans.

La légitimité a été inventée pour les rois. C'est un lit qu'on leur a fait pour qu'ils ne fussent pas troublés dans leur sommeil. Le sacre fut inventé par Charlemagne pour consacrer sa légitimité équivoque, pour mettre sa couronne sous la protection de Dieu et la rendre un objet de vénération pour les peuples.

Les premiers blasphémateurs, les premiers qui ont méconnu le principe de la légitimité, ce sont les rois eux-mêmes, puis les ducs et les comtes ; ce n'est pas le peuple ; la preuve en est dans les tueries des rois entre eux sous la première race, dans les démêlés sanglants au commencement de la seconde race et dans le chaos qui régnait sous Charles le Chauve.

Comment voulez-vous que le peuple respecte ce que les rois eux-mêmes ont foulé aux pieds et ce qui pour les papes fut un jouet brisable à volonté ?

Et d'abord à quelle époque ferons-nous remonter la légitimité ?

Si nous faisions l'histoire des peuples, nos études nous entraîneraient trop loin.

Il n'est question ici que du peuple français.

Où irons-nous chercher l'origine de la légitimité chez nous ?

Est-ce dans la première race ?

La légitimité n'y fut jamais observée bien scrupuleusement.

Est-ce dans la seconde race?

Le premier roi de cette race, Pépin, est un usurpateur.

Pour consacrer sa légitimité, voici la question qu'il pose au pape Zacharie, digne successeur de Grégoire III :

« Quel est celui qui doit être roi, de celui qui en a le « titre sans la puissance, ou de celui qui en a la puissance « sans le titre?

Le pape Zacharie qui avait besoin de Pépin contre le roi des Lombards, répond sans hésiter et sans le moindre scrupule :

« Il me paraît bon et utile que celui-là soit roi, qui sans « en avoir le nom en a la puissance, de préférence à celui « qui, portant le nom de roi, n'en possède pas l'autorité »

Vantez-vous d'un principe si bien défini.

Voilà, assurément, des bases bien solides pour la légitimité, posées par un pape qui recevait de Jésus-Christ même des lettres par la poste.

Ferons-nous intervenir l'autorité de Châteaubriand qui paraît être d'un grand poids aux yeux de certaines gens?

Il dit :

« Il y eut sous la première race et jusque sous la se- « conde, dans les familles souveraines barbares, un dés- « ordre qui n'exista point dans les familles souveraines « romaines. Les rois franks avaient plusieurs femmes et « plusieurs concubines, et les partages avaient lieu entre « les enfants de ces femmes sans distinction du droit « d'aînesse, sans égard à la bâtardise et à la légitimité. »

Après un jugement aussi net, que peut-on dire en faveur de la légitimité ?

Le principe de la légitimité est-il mieux établi dans la troisième race?

Il pourrait être beaucoup plus pur ; voici comment sa consécration apparaît à nos yeux :

Adalbert, comte de Périgueux, s'étant déclaré contre le roi Hugues Capet, s'empare de Tours où il se fortifie.

Hugues, ne pouvant l'attaquer dans cette position formidable, veut l'intimider et lui adresse avec menace cette question: Qui t'a fait comte?—Adalbert lui fait avec hauteur cette réponse: Qui t'a fait roi? C'est ainsi qu'en France la légitimité s'est établie.

Le meurtre, la ruse, la violence, telles sont généralement les bases de la légitimité.

A juger d'après l'histoire, qui n'est autre chose que l'expérience, je crains bien que la légitimité tant prônée ne soit la raison du plus fort.

Sous Henri IV, combien de prétendants se sont mis sur les rangs au mépris de la légitimité! Le cardinal de Bourbon: toujours la calotte!

Philippe II roi d'Espagne!

L'Infante d'Espagne est proposée pour reine!

Donnez dix mille hommes à Montemolin, et vous verrez.

Donnez quelques millions à don Miguel, et vous verrez.

Donnez... je m'arrête, car la France est menacée d'une quaternité légitime.

Est-on bien en droit, aujourd'hui, de venir nous parler de légitimité? et ne serait-on pas tenté de croire, en présence des faits européens et des révolutions qui se sont opérées sur la surface du globe, que ce mot de légitimité est une véritable ironie qui tombe droit sur toutes les têtes couronnées?

Pour me servir d'une expression vulgaire, n'est-ce pas parler de corde dans la maison d'un pendu?

En effet, tous les trônes debout sont occupés par des usurpateurs.

Lisez, commentez, fouillez, soulevez les voiles qui couvrent tant de vilenies royales, et vous serez convaincus que c'est là une vérité irréfragable.

Un principe doit être immuable pour commander le respect par son éternité.

Du moment qu'on peut attaquer un principe, il peut être battu.

Une blessure peut le tuer.

Pour si sacré qu'il soit, si vous le faites descendre des hauteurs sublimes où vous le placez, et qu'il tombe sur la table de dissection, il ne peut résister au scalpel de la discussion. La discussion, c'est sa mort; vous pouvez lui donner un instant la vie galvanique, mais le ressusciter, jamais.

Pour remuer la fibre nationale, on nous cite quelques rois qui ont fait de grandes choses et ont mérité qu'on rendît justice à certaines bonnes intentions.

Je l'acccorde.

Tous les rois, assurément, n'ont pas mérité d'être pendus au gibet de Montfaucon.

Mais parmi quelques rayons il y a beaucoup d'ombres.

S'il y a quelques planètes étincelantes, il y a force étoiles nébuleuses.

Pour aller trouver une illégitimité, il faut passer par des légitimités des plus honteuses, par des légitimités sans gloire, par des légitimités barbares.

Pour remonter à Louis XIV, il faut passer par la salle où Charles X a lacéré la charte; il faut traverser le Parc-aux-Cerfs, entrer chez Cotillon Ier, comme le roi de Prusse appelait madame de Pompadour, pénétrer dans l'égout de la régence, et entrer chez Louis XIV par le confessionnal du père Letellier et par la chambre de la veuve de Scarron.

Et enfin pour arriver chez Henri IV, il faut s'arrêter chez le roi Richelieu.

Faut-il remonter plus haut?

Après avoir franchi Henri IV, faut-il visiter l'infâme Henri III, Charles IX à la fenêtre du Louvre? faut-il aller au Plessis-lès-Tours trouver Louis XI? faut-il... Mais c'est assez, je crois, pour prouver la noblesse de la légitimité.

Avec la légimitité, la première chose à faire, c'est de brûler encore le drapeau tricolore.

C'est le signal d'une conflagration générale, c'est le signal de la guerre civile.

Que voyez-vous apparaître au point lointain de l'horizon? les factions levant la tête, les clubs s'agitant, les Guelfes et les Gibelins redressant leurs drapeaux, les Armagnacs ou les Orléanistes et les nouveaux Cabochiens, les luttes des Lancastre et des York, la Rose rouge et la Rose blanche aux prises, et de plus une Rose bleue.

Vous vous attaquerez au suffrage universel, oui au suffrage universel. Est-ce que vous souffrirez jamais un géant, se dressant devant vous avec l'urne électorale, prêt à vous briser le crâne et à vous engloutir?

Vous vous attaquerez, vous dis-je, au suffrage universel.

Quoi! nous l'avons demandé pendant dix ans! direz-vous.

A qui ferez-vous accroire qu'une taquinerie fût chez vous un principe arrêté? N'est-ce pas vous qui avez demandé l'élection à deux degrés? Qui a fait les députés à mille francs? les électeurs à cinq cents francs? Qui a fait les électeurs à deux cents francs et les députés à cinq cents francs? Qui a trouvé le moyen de faire une grande coterie de la partie électorale de la France, et d'extraire d'une population de trente-six millions d'hommes cent mille électeurs? Mon Dieu! si l'on ne vous eût pas arrêté court, et si les fameuses ordonnances eussent passé, vous auriez composé la chambre des députés toute à votre image.

Nous avons bien changé depuis! — Allons donc! Vous ne changerez jamais. Les blancs seront toujours blancs, a dit Napoléon.

Avec le suffrage universel, l'hérédité est une anomalie. Il faut abolir l'un pour faire place à l'autre.

Or, il ne s'agit plus d'une révolution de palais; il ne s'agit plus d'enterrer un ministère; il faut faire sauter tout un peuple.

La tentative est périlleuse.

La légitimité n'est pas un principe, c'est un sentiment.

Si c'était un principe incontestable, bien établi, il n'y aurait point de prétendants.

Un gouvernement, quel qu'il soit, qui aurait pour effet de nous débarrasser de tous les prétendants, par ce bienfait inappréciable, devrait être béni de tous ; car je ne connais pas une espèce plus pernicieuse. Ils sont toujours précédés d'orages, escortés de tempêtes et suivis d'ouragans. Ce n'est pas tout de souhaiter une chose ; il faut qu'elle ait toutes les conditions de vitalité. Or, la légitimité porte-t-elle ces conditions dans ses flancs ?

Avec qui la légitimité peut-elle marcher ?

Sur qui, sur quoi peut-elle compter ?

Est-ce sur le suffrage universel ? La nature du suffrage universel est la mobilité, et elle est immobile. Ce n'est point pour elle un point d'appui. Ce point d'appui lui échappait même des mains, lorsqu'elle manipulait le suffrage aristocratique.

Il lui faut donc un autre appui. Son appui naturel, c'est la noblesse et le clergé.

La noblesse et le clergé auraient les plus beaux sentiments démocratiques, qu'ils seraient forcés de les répudier pour obéir à leur instinct de conservation personnelle et pour soutenir la légitimité de laquelle ils relèvent.

Aussi ceux qui ont crié, le 5 mai, Vive la République ! comme des énergumènes, sont-ils revenus depuis à leurs premières amours. Leur langage peut-il être plus explicite ?

Ils ont dans la main la légitimité, la monarchie, le roi. Ils n'ont plus qu'à l'ouvrir.

Pauvres sots ! vous ne voyez pas que vous faites, sans le savoir, les affaires d'un ennemi ; vous ne voyez pas que si l'on vous permet la propagation des idées monarchiques, en pleine République, c'est que vous caressez les idées d'autrui, en chatouillant son orgueilleuse faiblesse.

Il vous guette, afin de vous saisir au passage. Faites-lui une position dans vos rêves ; promettez-lui la couronne de marquis, comme le père Loriquet la donnait à Bonaparte.

Vous connaissez bien le cœur des hommes ! Veuillez agréer, je vous prie, mes compliments pour votre sagacité.

Vous vous entendez mieux à autre chose.

Si vous ouvrez la main, et que la légitimité en sorte, nous voilà revenus aux beaux jours de 1815. Comme on dit dans un certain pays : Ne touchez pas à la reine ! vous voudriez que l'on pût dire : Ne touchez pas à la légitimité. Vous voudriez que l'on respectât ce que le temps a consacré !

Le temps, il est vrai, est une puissance. Mais le temps est mobile ; l'éternité seule est immobile. S'il fait, il défait aussi ; s'il consolide, il use.

Après le temps, invoquons le peuple, comme vous le faites. Vous dites :

« Le peuple, qui s'était cru le droit de porter Louis-
« Philippe sous la pourpre, s'était indispensablement
« réservé la faculté de le traîner dans la boue. Il a fait
« tour à tour l'un et l'autre ; il a détruit ce qu'il avait
« créé. Jamais rien ne fut plus logique. »

C'est votre condamnation.

Si le peuple peut détruire ce qu'il a créé, il peut, avec plus de raison, détruire ce que d'autres ont créé, à son détriment et sans sa volonté.

Il a donc pu chasser Charles X et sa progéniture.

Que le suffrage universel fasse surgir de l'urne la légitimité par l'effet de son omnipotence. Si elle commet des fautes, comme Louis XVIII, admettez-vous que, par le même effet de son omnipotence, le suffrage universel peut chasser la légitimité ? Prenons alors le chemin de fer, et partons pour Frohsdorff.

Ah ! que n'ai-je la science de la pythonisse d'Endor, qui fit apparaître à Saül l'ombre du grand-prêtre Samuel !

Que ne m'est-il donné de posséder l'art des vieux nécromanciens !

Dans une chambre ténébreuse du palais de Catherine de Médicis, où Ruggieri soufflait sur ses fourneaux, j'évoquerais, à la fois, du séjour des morts, les ombres de Childéric III, de Pépin, de Charlemagne, les ombres de Louis V, de Hugues Capet, les ombres de Louis XI, de Charles IX, de Henri III, de Louis XIV, de Charles X, de Napoléon. Je ferais apparaître au milieu d'elles l'image de la France... A l'aspect de ce congrès solennel de rois ressuscités, s'inclinant devant cette majestueuse puissance, quel langage la France leur tiendrait-elle ?

O Châteaubriand ! ô Lamartine ! génies sublimes, à la parole divine, venez à mon aide ! inspirez-moi ! Parlez vous-mêmes ! Vous n'osez, et votre langue est glacée. Mais bientôt la France, rompant le silence et s'adressant aux ombres qui semblent attendre leur arrêt :

Qui de vous, dit-elle, osera soutenir que je lui appartiens ?

Et le feu de ses regards éclairant tout à coup ces épaisses ténèbres, au même instant tout disparaît.

Et le peuple de répéter :

Qui de vous osera dire que je lui appartiens ?

CHAPITRE IV.

Le comte de Chambord.

Je ne viens point, tourmenté par la fièvre d'une haine stupide, attaquer et insulter l'innocence qui a le malheur de voir couler ses jours loin du sol de la patrie.

Je ne considère point si c'est la loi barbare qui le force à ce sacrifice, ou si, par un calcul plein d'audace, l'aveugle infatuation de ses ardents défenseurs le condamne, en croyant le servir, à ces angoisses éternelles.

Bizarre situation! peine affreuse! ils ont fermé nos cœurs à la compassion! Qui eût dit qu'il se serait jamais rencontré des hommes dont le fatal dévouement ravirait à l'exilé ce droit si saint d'inspirer de la pitié?

Mais il est sous un ciel étranger. Il suffit. C'est assez pour moi.

Je ne veux point attaquer brutalement un fétiche pour le renverser, le briser et le couvrir de boue. Je n'ai que faire d'un homme.

Je discute un principe.

Que me fait à moi, que fait à un peuple qu'un prince soit beau et bien fait, comme le prince Charmant de *la Belle au bois dormant*, ou qu'il soit laid comme Riquet à la Houppe; qu'il soit borgne comme Philippe de Macédoine, ou qu'il penche la tête sur l'épaule comme le vainqueur de Darius.

C'est au front qu'on doit juger un roi et non à la taille. Je ne recherche point si Codrus avait les cheveux couleur d'or: j'admire son dévouement pour sauver sa patrie.

Imitant un tel sacrifice, il serait beau, pour donner le calme à sa patrie, de fouler aux pieds un manteau qui longtemps couvrit d'indignes épaules, et une couronne qui ceignit plus d'un front étroit.

Quand une nation est dans l'enfantement d'une transformation profonde;

Quand tous les intérêts bouillonnent;

Quand la patrie échappe à peine à la lave du volcan qui menaçait de l'engloutir, est-ce bien le moment de venir faire du sentiment avec deux ou trois contes bleus dignes de ma *Mère l'Oie?*

C'est ce qu'on peut lire dans un livre de deux sous, à la grande satisfaction de quelques niais.

Les légitimistes ne sont jamais désarçonnés, noyés; ils ont le talent de toujours remonter sur leur bête, de revenir toujours sur l'eau. Ils s'applaudissent de tout, et, optimistes intrépides, ils voient dans leur défaite un sujet de victoire.

Ils se sont dit : Nous avons demandé le suffrage universel à Louis-Philippe pendant dix-huit ans. Le suffrage universel est venu à nous. Il nous a trompés. Foin du suffrage universel !

Crions à la légitimité, puisqu'on nous le permet.

Voici le peuple qui s'est épris de belle passion pour un nom ; n'en recherchons point les causes. Opposons, sans vergogne, un nom ; proclamons un nom ; appuyons-nous d'un nom. Certes, Henri V est d'aussi bonne maison que l'autre, sinon meilleure.

Évoquons les grandes et belles choses de ses ancêtres, à défaut des siennes, et composons-en une auréole qui rayonne autour de sa tête ; mais gardons-nous de faire apparaître le hideux spectacle des turpitudes, des infamies, des brûleries, le tableau des misères et l'abaissement de l'espèce humaine au bon vieux temps, de crainte de ternir l'éclat dont il est nécessaire qu'il brille pour nous.

En vérité, on dirait que les faits et gestes des rois de France sont lettres closes pour nous. Dieu merci ! ils ne sont un mystère pour personne.

Je ne conteste au comte de Chambord aucune des qualités dont on se plaît à l'orner.

Et d'abord tous les princes, sans exception, sont des héros, sont des génies, sont des êtres parfaits. Sur le trône ou sur les marches du trône, ils sont autant de miracles. Qu'ils roulent, avec leurs couronnes, sur les pointes des pavés, on s'aperçoit alors de toute leur nullité ; et l'histoire vient qui les classe.

Quand, pour défendre une cause, on est obligé de s'appuyer sur des moyens qui vous répugnent, qu'on répudie, on ouvre un abîme où l'on se précipite.

Si vous déplacez une statue, si vous la faites descendre

de son piédestal, vous lui faites perdre à l'instant tous les avantages de la perspective, tout l'idéal qui l'entourait.

Ainsi de votre héros ; en le faisant descendre de la hauteur où on le place entre ciel et terre, en voulant l'accoler au suffrage universel, vous le décolorez, vous l'abâtardissez, vous l'encanaillez. L'alliance qu'on veut lui faire contracter est une alliance monstrueuse, contre nature.

Amis imprudents, maladroits, vous tombez dans la plus épouvantable des hérésies.

Vous vous trompez, ou vous voulez nous tromper.

Ayez donc le courage de votre opinion. Henri V est le symbole de la monarchie absolue, quelque peu tempérée, et encore vous ne voulez pas de la monarchie constitutionnelle.

La monarchie constitutionnelle n'est jamais née que d'une crise ou d'une bataille.

La monarchie constitutionnelle est une halte. Elle ne peut être considérée que comme un armistice, en attendant que l'une des parties le dénonce à l'autre.

Savez-vous, en deux mots, ce que c'est que le gouvernement constitutionnel ?

Aux yeux de la démocratie, c'est une république déguisée.

Aux yeux de la royauté, c'est une monarchie absolue déguisée.

Relisez et méditez les discours de Montesquiou et de Dambray, à la rentrée de Louis XVIII.

Louis XVIII, la noblesse, le clergé ne voulaient pas autre chose.

La Chambre ardente de 1815 ne voulait pas autre chose. Louis XVIII, qui ne se souciait pas de quitter la France pour la troisième fois, rend l'ordonnance du 5 septembre 1816, et arrête l'ardeur par trop monarchique de la réaction.

Charles X, par sa tentative du 25 juillet, voulait aussi l'absolutisme. Les quatre ordonnances nous menaient droit au gouvernement du bon plaisir.

Tous les pouvoirs sont jaloux; tous les pouvoirs sont envahisseurs de leur nature.

Pondérez les pouvoirs de l'État; dans cette besogne difficile, si la balance penche par la force d'un poids quelconque, elle emporte l'autre côté.

Aujourd'hui la monarchie constitutionnelle ne vivrait pas cinq ans.

La France est dans un état d'émancipation complète; ne lui parlez pas de tuteur, elle vous rirait au nez.

Eh quoi! quand le peuple, en France, a grandi de dix coudées; quand, pour renverser un trône, nos héros se sont transformés en géants, vous avez la bonhomie de venir nous présenter une poupée! Bardez-la de fer comme Bayard, vous ne la rendrez que plus ridicule.

Je vous accorde encore que votre cher enfant est gentil, qu'il enfourche un Bucéphale avec autant de grâce et d'intrépidité qu'Alexandre, qu'il fait les trois saluts comme un maître de danse, qu'il est instruit, qu'il connaît surtout l'histoire de France du père Loriquet, qui a dû lui apprendre de fort jolies choses sur notre révolution; mais, si vous l'aimez véritablement, ô légitimistes, ne désirez pas qu'il vienne se jeter au milieu d'une fournaise en ébullition, au milieu d'un peuple que la fièvre brûle encore; il reculerait effrayé.

Il a dit, rapportez-vous, qu'il ne veut être rien que par la France, et pour la France; roi, si son pays l'appelait; exilé, si le repos et la grandeur de son pays sont au prix de son bannissement.

Si ces paroles sont sorties de sa bouche, je me vois obligé de vous dire qu'il a, lui, plus de bon sens que vous, et que vous feriez beaucoup mieux de régler votre conduite sur la sienne, c'est-à-dire de rester tranquilles, et lui, de persister à attendre que le pays l'appelle.

Vous dites, avec emphase: il tient de Robert le Fort, de Henri IV, de Louis XIV.

Je le veux bien. Mais qu'entendez-vous par là? qu'il a nécessairement les qualités d'un roi pour gouverner.

Croyez-vous que ces rois, avec leurs qualités personnelles, conviendraient bien à la situation?

Il tient de Robert le Fort! Et d'abord, Robert le Fort, abbé de Saint-Martin-de-Tours (à chaque marche du trône de France vous êtes sûr de rencontrer un abbé), l'aïeul de Hugues Capet, n'est pas un prince fort remarquable, malgré ses guerres avec les Normands et Louis le Germanique. Il est possible qu'il y ait ici confusion. Est-ce Robert, fils de Capet? Est-ce Robert le Duc, qui disputa le trône à Charles le Simple, toujours par amour pour la légitimité?

Ce n'est pas, sans doute, Robert le Diable.

Robert, le roi, pouvait être un bel homme; mais assurément c'était un bigot et un imbécile, qui se laissait gouverner par sa femme. Et Robert eut l'indigne faiblesse d'assister à la brûlerie de quelques centaines de manichéens, dont il avait provoqué la condamnation. Il a pu obtenir d'entrer en paradis à ce prix; mais faites-lui signer le concordat de 1801. Eût-il signé même la pragmatique sanction de saint Louis? est-ce bien cet anti-manichéen qu'il nous faut?

Il tient de Henri IV!... ici j'hésite à me prononcer de crainte d'être accusé de blasphème; cependant l'histoire inexorable est là.

Voulez-vous nous faire entendre qu'il nous donnerait la poule au pot, ou que les alouettes nous tomberaient toutes rôties du ciel?

La poule au pot! mot fort joli assurément, mais non sérieux.

Je lis et relis l'histoire, je ne vois pas que le parlement ait été convoqué pour aviser aux moyens de procurer au bon peuple la poule au pot.

Ainsi Giles le Maître n'eut point la peine de recueillir

les voix pour savoir à quelle sauce la poule serait mangée, ou si on la ferait rôtir.

D'autre part, je ne vois pas non plus que le Béarnais ait dérobé quelques instants à la belle Gabrielle pour s'enfermer dans son cabinet avec Sully, afin de songer à cette affaire.

Et le peuple attend encore la poule au pot. Il l'attendra longtemps.

Henri IV fut un roi dont un Français doit s'énorgueillir. A lui seul, il vaut tous les rois qui ont régné sur les peuples ; il n'était ni bigot ni sanguinaire.

Il est tout entier dans ce couplet de chanson :

Vive Henri Quatre,
Vive ce roi vaillant,
Ce diable à quatre
Eut le triple talent
De boire et de battre
Et d'être un vert galant.

Ces qualités sont charmantes, sans contredit, mais pour un mousquetaire ou pour un jeune officier de hussards en garnison.

Henri IV échangerait-il son panache blanc d'Ivry contre le plumet tricolore ?

Une pareille royauté conviendrait-elle à notre tempérament.

Il tient de Louis XIV ! Quand on a prononcé ce mot, tout est dit. C'est le roi qui a fait les plus grandes choses et les choses les plus petites. De sa personne c'était un pauvre homme. Belle tête, mais de cervelle point. La fin de son règne en est la preuve.

Toujours l'histoire. Voulez-vous savoir ce que vaut un roi ? Sa mort un jour vous l'apprendra.

Or, à la mort de Louis XIV, le peuple, loin de déchirer ses habits et de se couvrir la tête de cendres, fit éclater sa joie, et peu s'en fallut qu'on ne jetât le cercueil dans la Seine. Beau panégyrique ! stupide vengeance ! il était mort ! Pour moi, de cette époque date notre grande révolution. O vous qui, par espièglerie, voulez nous embourber encore d'une monarchie, étudiez ce diagnostic qui commence à la mort de Louis XIV, se continue jusqu'à la mort de Louis XV et finit à la mort de Louis XVI. Il y a là un immense sujet de méditation.

Veut-on par hasard nous faire entendre que le fameux propos : l'État c'est moi ! irait bien dans la bouche du petit-fils ?

Mais bientôt il entendrait à son oreille une voix de tonnerre à faire trembler la voûte du ciel et à faire sauter le plafond de la salle des maréchaux, qui lui répondrait : l'État c'est moi !

Et cette voix serait la voix du peuple.

Dites, s'il vous plaît, à cet orgueilleux despote de buriner sur son large bouclier d'or le profil de la République à la place de son grand soleil dont les rayons n'ont été bienfaisants pour personne, si ce n'est pour ses bâtards et pour ses maîtresses.

Est-ce bien ce qu'il nous faut ?

Je crains malheureusement que nótre enfant ne sache mal notre histoire, plutôt que de connaître, quoi qu'on dise, les besoins de notre agriculture, de notre commerce et de notre industrie.

Qui le lui aurait appris ?

Est-ce le père Loriquet ? est-ce l'abbé Trébuquet ? jésuites de première force. Est-ce monsieur de Blacas ? est-ce monsieur de Levis ? gens d'honneur, preux chevaliers, sans nul doute, mais qui auraient bien besoin de refaire leur éducation politique.

On s'accroche à tout pour populariser l'enfant du miracle. On cite Châteaubriand, Victor Hugo, Lamartine et même Béranger.

Les muses ne font pas loi en politique.

Victor Hugo et Lamartine ont pu chanter un prince et être aujourd'hui de bons républicains.

Châteaubriand! il a vu pourtant des rayons d'en haut.

Il en a vu luire sur l'épée qui a gagné la bataille de Marengo.

Il en a vu luire aussi sur le front de Louis-Napoléon à Arenenberg!

Et Béranger! citation heureuse! Républicain de la veille, il ne l'est plus du lendemain; et quoiqu'il ait dit que nous avons besoin de manger encore de la vache monarchique, je ne sache pas qu'il ait répudié le noble drapeau aux trois couleurs dont il secoua la poussière en 1830. Croyez-vous qu'il ait oublié sa grand'mère qui conserve encore le verre de l'empereur comme un trésor, une relique? et notre coq coquerico? Envoyez donc le coq coquerico à Frohsdorff.

Maintenant, de tout ce qui précède concluez.

Un principe, pour être vrai, doit être consacré par une puissance souveraine, éternelle.

Ce que le temps consacre, c'est toujours par la force.

La force n'est pas la loi.

La force s'use.

La royauté est éphémère.

Le peuple seul est éternel.

Le suffrage universel est le droit divin du peuple.

CHAPITRE V.

1830.

Après la monarchie du sacre de Reims, du Saül moderne, du droit divin, voici la monarchie des barricades, la meilleure des républiques, comme disait ce bon monsieur de Lafayette, ce héros des deux mondes.

La meilleure des républiques est devenue la pire des monarchies.

Ce n'a pas été long ; elle a duré juste le temps qu'il a fallu au tapissier pour ajuster quatre planches, les couvrir de velours et faire un dais avec de grands rideaux à franges d'or. Lafayette a été d'abord couvert de fleurs, (fleurs qui furent bientôt changées en bandelettes); on lui a prodigué mille caresses; on l'a flatté de la main ; on l'a promené en grande pompe comme le bœuf gras ; on l'a ensuite envoyé promener.

Après, est venu le tour de Laffitte. Pauvre Laffitte! Le complice des institutions républicaines s'est vu obligé, la main sur le cœur et les yeux tournés vers le ciel, de venir demander pardon à Dieu et aux hommes de la part qu'il avait prise à la révolution de 1830.

Le parti du progrès disparut dans une éclipse, non prédite par l'almanach, et le parti contraire, habile escamoteur, cacha dans sa gibecière le programme de l'hôtel de ville ; depuis on n'en a plus entendu parler.

Le parti de la résistance put trôner à son aise, et les doctrinaires ne rencontrant plus d'obstacles se donnèrent carrière.

Savez-vous ce que c'est qu'un doctrinaire ? Vous ne le savez pas ? ni moi non plus. Œdipe vainquit le sphinx; Œdipe n'eût jamais deviné un doctrinaire. J'ai toujours pensé que les augures de Rome, s'ils n'étaient les jésuites, étaient les doctrinaires de leur temps. Deux augures ne pouvaient s'empêcher de rire en se disant bonjour. Un doctrinaire, se posant devant sa glace et s'inclinant devant son image, assurément ne pouvait s'empêcher de se rire au nez.

C'est ce qui explique comment tout a marché par énigmes, pendant cette période, cahin-caha, par soubresauts et toujours de mal en pis, jusqu'à ce qu'enfin, le mot de l'énigme trouvé, il a fallu faire, au bout du fossé, la culbute.

Dans cinquante ans d'ici, que dis-je? aujourd'hui, jetons un regard rétrospectif sur les dix-huit années de la monarchie, la meilleure des républiques.

Procédons, non par induction, mais par perception. Ce moyen m'a toujours réussi pour porter un jugement sain sur toutes choses en politique et en philosophie comme en physique.

Analysons en un mot comme font les chimistes. Représentons-nous la France comme elle avait été faite, rapetissée, ratatinée, réduite à sa plus simple expression; tout était petit, hommes et choses.

Nous tenons la France entière dans le creux de la main, sur un carré de papier. On avait cru jusqu'ici que l'histoire des Lilliputiens était une pure fiction; certes non!

L'opération faite, que reste-t-il au fond du récipient? force intrigues, un serment que le vent emporta; la duchesse de Berry à Blaye, le traité de la Tafna, la bataille d'Isly; encore des intrigues de ruelles, et une seconde muraille de la Chine, qui au lieu d'être en long est circulaire.

Encore l'avantage est à l'empereur de la Chine Tsin-chi-hoang-ti qui fit construire la sienne pour défendre son empire contre l'invasion des Tartares, avec lesquels il était en guerre. Tandis que le roi républicain Louis-Philippe fit construire sa muraille, pendant qu'il était en paix avec tous les Tartares du monde devant lesquels il s'inclinait, et qu'il faisait graver sur son écusson, en place de fleurs de lis, ces mots: La paix partout, la paix toujours, la paix à tout prix.

La nouvelle légitimité (on est toujours légitime quand on est le plus fort), privée des soutiens naturels du trône de l'autre légitimité, fit ce qu'avaient fait les autres légitimités nées de la même façon. Pépin créa des comtes et des barons par fournées; Hugues Capet paya sa bienvenue en augmentant le privilége de ses pairs qui l'avaient poussé au trône, et n'oublia pas ses partisans. Les rois sont toujours reconnaissants au commencement de leur règne ; cela dure quinze jours. Napoléon ressuscita ce qui était mort, enterré, et créa des barons à son image ; en tout temps, on trouve toujours du bois pour faire des flûtes.

Louis-Philippe aurait bien voulu faire des comtes et des barons ; mais le temps n'en était pas encore venu ; il s'entoura d'une nouvelle noblesse, de l'aristocratie du coffre-fort ; il fit avec elle le pacte de Faust avec Méphistophélès.

En ce temps-là un ministre était qui, en pleine Chambre, osa appeler Louis-Philippe roi de France, et les Français ses très-humbles et très-obéissants serviteurs et sujets. Deux ans à peine s'étaient écoulés depuis Juillet ; où voulait-on aller ? Évidemment la cause de la démocratie était menacée, et le royalisme coulait à pleins bords. La pauvre Charte recevait tous les jours des atteintes. Charles X avait trouvé un Polignac ; Louis-Philippe en avait une demi-douzaine à son service. La Charte déjà avait perdu son talisman.

Savez-vous ce que c'est qu'une Charte ? Le prince de Polignac va vous répondre tout de suite.

Ah ! faquins de bourgeois, vous demandez ce que c'est qu'une Charte ?

Ah ! vilains, vous aussi, vous demandez ce que c'est qu'une Charte ?

Ah ! lourdauds de prolétaires, vous demandez ce que c'est qu'une Charte ?

Apprenez qu'une Charte vous oblige tous à obéir à votre seigneur et maître.

Et la preuve.... l'article 14.....

A peine avait-il achevé, que toute la dynastie était déjà à Cherbourg et s'embarquait pour l'Angleterre.

Mais la nouvelle Charte n'a plus d'article 14 ; mais trente articles ont été bâtonnés ou amendés.

Vous croyez? bonnes gens! si les tables du fameux banquet eussent été renversées et les convives chassés par la force, dix Polignacs eussent trouvé dans la Charte dix articles 14. Gardez-vous d'en douter. La royauté ne manque jamais de prétexte quand il s'agit de faire des règlements et des ordonnances pour l'exécution des lois, surtout dans le grand intérêt de l'État et des ministres.

Quand on considère les conditions merveilleuses dans lesquelles le nouveau trône fut élevé, l'enthousiasme qui se manifesta lorsque Louis-Philippe fut porté sur le pavois et salué roi; la joie universelle qui éclata dans cette solennelle circonstance, on se demande comment tant d'avantages, tant d'éléments de succès, qu'on eût dit que la Providence avait pris plaisir à les combiner, ont pu aboutir à une catastrophe terrible, à une ruine complète et honteuse.

La royauté fut installée sans entraves; elle n'éprouva aucune difficulté sérieuse; une acclamation générale des départements l'accueillit; tout lui prédisait une durée éternelle. Le ciel même semblait s'unir à la terre; le soleil éclairait le berceau de la monarchie de ses rayons les plus beaux.

Le soleil de juillet était à la jeune monarchie ce que le soleil d'Austerlitz était à l'empire.

Pour accomplir cette heureuse destinée, la tâche était simple et facile.

Par quelle fatalité une position aussi belle fut-elle gâtée?

La ligne était toute tracée. Comment aussitôt lancée, la locomotive a-t-elle déraillé?

La situation était si nette, le terrain si déblayé, les royalistes seuls adversaires, étaient réduits à un tel état d'impuissance, qu'un paysan, non le paysan du Danube, mais le paysan qui apporta la grosse rave de Henri IV, aurait pu tenir le gouvernail de l'État. Il eût suffi de prendre pour ministre de l'intérieur un bon bourgeois de la rue Saint-Denis ; pour ministre des affaires étrangères, un commis du bureau arabe ; pour ministre des travaux publics, un maçon ; pour ministre de l'agriculture et du commerce, un bon fermier de la Beauce ; pour ministre de la marine, un bon canotier de Paris à Saint-Cloud.

Que fit-on ?

On se mit en quête d'un tas d'ergoteurs et de brouillons, de parleurs, de pédants ; on se lança dans les plus étranges sophistiqueries de raisonnements, on se jeta dans les dissertations scolastiques, on se divisa en deux bancs de l'université, on discuta sur le *quoique* et le *parce que*. Après ce beau triomphe, on voulut machiavéliser avec la nation, avec les puissances de l'Europe ; on descendit jusqu'à la filouterie, on fit de la rouerie, on rusa comme le vieux renard à qui l'on a coupé la queue ; d'une nation on en fit deux nations, trois nations ; ce qui veut dire que les partis assoupis se réveillèrent. Il fallut alors combattre. On s'était disputé comme les médecins de Molière, on se battit comme au lutrin de Boileau ; on se fit une guerre de portefeuilles. Cette lutte dura plus longtemps que la guerre de Troie. On ne songeait aucunement aux questions populaires, et on appelait cela régner ! et on appelait cela gouverner ! C'était parader ; on se composa une petite église, on manipula, on tripota la pâte électorale ; pour faire bien lever cette pâte on y introduisit beaucoup trop de levain, dont la plus grande partie resta au fond ; le levain s'aigrit outre mesure ; pendant ce temps, le budget enflait, enflait à crever.

On fit un pacte avec la matière, avec la bourse ; on se déclara contre l'intelligence. Fatale inspiration ! le succès enivra : on fit de la corruption, d'abord dans le mystère, ensuite au grand jour ; on se plongea dans les bas-fonds de l'intrigue de boudoir : on vit tomber le sceptre en quenouille.

C'était un pari fait d'obscurcir le soleil de juillet, ou plutôt c'était un engagement ; on tenait parole aux rois, mais on faussait son serment envers la nation.

Tout ce drame se jouait par-dessus le tête du peuple, sur des tréteaux garnis de velours.

Mais un beau jour le peuple voulut à son tour entrer en scène et, comme Samson au temple de Dagon, il saisit les piliers, les ébranla, et planches et acteurs, tout fut englouti; lui seul ne périt pas.

L'arbre de la royauté, malgré ses branches étendues, nombreuses, touffues, qui annonçaient une sève abondante et régénératrice, a été renversé d'un souffle et n'a laissé aucune graine.

Qu'y avait-il à faire?

L'heure de la catastrophe l'a dit, mais l'a dit sans retour ; avant cette heure, on l'avait dit sous forme d'humble remontrance.

La réforme !

On en a eu peur comme du minotaure.

On a cru qu'elle allait tout dévorer.

De quoi s'agissait-il ?

De quelques adjonctions à la loi électorale.

Ce bon peuple n'était pas trop exigeant.

Quoi ! vous avez craint de vous allier à des savants, à des hommes de talent, instruits dans les sciences et dans les arts. Quoi ! persister à faire une caste de parias de l'élite de la nation !

Vous n'avez pas voulu sortir de vos deux cents francs ! mais vous deviez deux cents fois être anéantis ! cela ne vous a pas manqué. A un seul mouvement d'Encelade, la terre s'est ébranlée, et vous avez disparu dans le tremblement.

Quelle appréciation du cœur humain pour des hommes qui se disent philosophes, et éclectiques encore ! pour des hommes qui écrivent de grandes histoires ! Faites plutôt des contes de Perrault: cela n'engage à rien.

En Angleterre, quand un homme de l'opposition se

manifeste avec des talents éminents, qu'il gêne et taquine, l'aristocratie l'absorbe et le fait baronnet.

C'est donc bien difficile de faire un baronnet!

Tout les rois en ont fait. Mon Dieu! cela ne date pas de si loin; la fabrication n'en est pas si vieille qu'on le croit.

Il n'est peut-être pas mauvais d'éclairer ici le bon peuple, qui s'imagine que cela remonte au déluge; et la noblesse aussi, qui croit que cela remonte même avant l'arche de Noé.

Et d'abord la loi salique ne fait point la distinction de noble et de non noble. C'est une usurpation de la féodalité. Sous les Mérovingiens et sous les Carlovingiens, la noblesse n'était pas autre chose qu'une faveur personnelle, sans impliquer aucune suprématie de naissance. C'était le prix de la valeur, du dévouement au prince, ou de la bassesse.

Philippe le Hardi, en 1300 environ, fit des nobles à parchemins, dans le but d'affaiblir la puissance de l'aristocratie féodale, qui, depuis Hugues-Capet, s'était rendue de plus en plus redoutable. Le premier qui reçut les lettres d'anoblissement du roi fut M. Pierre de la Brosse, barbier de saint Louis, et ministre de Philippe. M. de la Brosse en fit ensuite cadeau à ses amis et connaissances. Telle est l'origine de la noblesse française, qui étale avec tant de complaisance ses parchemins.

Il n'y a, pardieu! pas là de quoi tant se vanter!

Vous pouviez en faire autant. Mais la charte? Bah! une petite violation de plus ne vous eût pas rendus plus coupables.

Que de voix alors se seraient élevées pour justifier une mesure qui sauvait la patrie!

Bref, vous ne l'avez pas fait. Vous avez préféré persister dans votre système d'exclusion et continuer la résistance.

Amour-propre ridicule!

On attend toujours que, pour reconquérir un droit, le peuple soit forcé de se faire justice en vous poussant par les épaules, ou en vous renvoyant d'un revers de sa main et d'un coup de pied.

Alors il est trop tard.

Par cette série de faits incontestables, j'ai voulu prouver, le doigt sur les pages de l'histoire, que la monarchie de toute couleur, légitime ou bâtarde, constitutionnelle, par la charte octroyée ou consentie, était aussi impuissante à faire le bonheur du peuple que l'eunuque est impropre à procréer. Le sens viril manque à l'un comme à l'autre.

Il y a un esprit des ténèbres, un génie malfaisant, un Ahrimane qui semble souffler sans cesse un vent empesté sur une partie de la société; il la tient sous son influence délétère et distille dans son cœur le poison de la haine contre l'autre partie. Il détruit ainsi entre elles l'heureuse harmonie que rien ne devrait troubler.

Quand, par la puissance d'attraction, elles doivent tendre à s'unir, à se confondre, une puissance occulte de répulsion les éloigne au mépris des lois divines et humaines... Le mouvement contraire de deux corps de même nature est une anomalie en physique, un crime en morale.

Qui trouvera sur la terre, comme Newton dans le ciel, la gravitation des corps, par laquelle ils s'attirent et tendent à se rapprocher ?

Car enfin, la lutte dure depuis assez longtemps ; il faut que cet antagonisme cesse.

Il n'est pas question d'exploitation, pas même de tyrannie; il est question de barbarie.

Oui, une partie de notre société a eu tout à souffrir.

Depuis près de deux mille ans, voici ses lots :

D'abord, l'esclavage;

Ensuite, la spoliation;

Après, la bastonnade;

Et enfin, la prison par lettres de cachet.

Voilà le cercle dans lequel nous avons tourné.

Depuis soixante ans, dit-on, la civilisation a fait d'immenses conquêtes; je ne m'en aperçois guère.

Je ne vois pas que le cercle dans lequel nous tournons se soit élargi; et c'est encore une question de savoir si réellement nous sommes en progrès.

Il y a un craquement dans les bases de la société européenne, qui annonce plutôt la décadence.

Il est donc bien constaté que, pendant quinze cents ans, la monarchie n'a pu trouver le moyen de mettre en équilibre les deux corps opposés.

Une telle incapacité, une telle impéritie, ce dédain de l'espèce humaine, cet abandon du peuple, ont occupé certains esprits qui, dans le délire de la passion, se sont jetés dans les systèmes les plus extravagants. Ils ont cru avoir trouvé la solution du problème social. Ces hardis réformateurs ont tout brouillé dans leurs cerveaux; l'un prend des orgies pour des agapes; l'autre veut nous imposer la vie cénobitique; un autre marche sur les traces des anabaptistes; un autre entasse Pélion sur Ossa pour chasser Jupiter du ciel.....

Ils auraient tout aussi bien fait de chercher le mouvement perpétuel et la quadrature du cercle.

Vous allez en juger.

DEUXIÈME PARTIE.

Les socialistes.

Le socialisme est à la société ce que le sophisme est à la philosophie, ce que le jésuitisme est à la religion.

On sait tout le mal que les sophistes ont fait à la philosophie.

Les singes de philosophes, sans connaissances réelles, mais pleins d'une dialectique fausse et spécieuse, eurent l'art de captiver l'esprit de la jeunesse si facile à séduire. L'erreur avait pris la place de la vérité, et elle était démontrée à travers un prisme éblouissant de mille couleurs ; mais, malgré leurs efforts, chacun de leurs pas était signalé par un paralogisme.

Socrate arracha le masque à ces charlatans, et la philosophie, menacée d'être éclipsée, reprit son premier éclat.

La religion mal interprétée a donné naissance à une infinité de pratiques ridicules et absurdes chez toutes les nations. Dans l'Inde, en Égypte, en Europe, elles y ont fleuri selon le degré de civilisation et selon l'appui qu'elles ont rencontré dans le pouvoir qui avait besoin de s'en servir. L'exaltation porte à l'enthousiasme ; l'enthousiasme engendre le fanatisme.

Le désir de plaire à Dieu fait trouver tous les moyens bons pour y arriver ; ils sont justifiés par la fin. Et le jésuitisme sortit tout armé d'un cerveau malade. Cette secte se présente d'abord sous la peau de l'agneau ; mais bientôt son empire s'étant étendu, elle apparut sous la peau du loup. Avec des prêtres desservant les églises pour le besoin des fidèles et se vouant à l'instruction religieuse de l'enfance, je me demande à quoi peuvent servir les jésuites.

Le socialisme, aux premiers jours de la révolution de février, s'est montré plein de mansuétude, invoquant le Christ, et cherchant à faire des prosélytes par la persuasion. Toutes les ressources du sophisme, pour séduire les esprits, ont été mises en œuvre. Les promesses les plus brillantes ont été faites aux divers appétits, à toutes les passions. Devenu redoutable par ses conquêtes et exploitant avec art la misère générale, il a voulu commander. Le cimeterre de Mahomet, caché sous sa robe courte, a été bientôt tiré du fourreau, et les journées de juin ont surgi. Dans cette hécatombe, le socialisme aurait dû disparaître à jamais, noyé dans le sang d'une guerre impie que depuis trois mois il provoquait. Il a réuni ses tronçons épars et combat encore en désespéré, avec des armes plus tranchantes que loyales, avec des arguments plus captieux que solides.

N'apparaîtra-t-il pas un Socrate pour confondre cette race de nouveaux sophistes, comme il apparut jadis un Clément XIV pour refouler dans le néant les sycophantes de religion, en brisant dans leurs indignes mains le sceptre de l'hypocrisie?

Pour combattre les divers systèmes du socialisme, le labeur aujourd'hui est devenu moins pénible. Les divisions qui déchirent son sein, nous ont appris toutes les infirmités qu'il renferme et qui ont empêché de développer son germe putréfié. Nous pourrions nous servir des propres armes que les coryphées emploient eux-mêmes pour s'entr'égorger; nous pourrions leur opposer les mêmes arguments dont ils se servent pour se prouver réciproquement la pauvreté de leurs raisons; nous pourrions ramasser les mêmes pavés qu'ils se jettent à la tête, pour les leur lancer dans les jambes. Nous les voyons tous les jours se précipitant dans l'arène, se mesurer de l'œil et lutter comme jadis à Rome les gladiateurs combattaient dans le cirque.

A force de se déchirer, ils se sont mis en lambeaux ; ils se présentent tout nus à nos yeux.

Mais les doctrines qu'ils ont semées ont jeté le trouble dans les esprits, et le doute tient les âmes indécises. Le poison qui enivrait les séides du vieux de la Montagne, quand il leur promettait toutes les jouissances, tous les plaisirs paradisiaques, n'a point encore disparu.

On n'abandonne pas si facilement une idée séduisante que l'on caresse avec complaisance et dans laquelle l'imagination se délecte.

Il semble, parce qu'on a enfanté dix, vingt volumes, qu'on doive être inexpugnable dans cette forteresse.

Quand il s'agit d'un système qui prétend changer la société, la faire sortir de son assiette, lui substituer une société nouvelle, lui donner d'autres mœurs, la doter d'autres lois, en un mot la métamorphoser de toutes pièces, croit-on qu'il faille d'abord se mettre en adoration devant le mérite littéraire ?

C'est ainsi que les sophistes de l'école d'Alexandrie ont obtenu leur triomphe pendant un certain temps.

Combien de savants, de rhéteurs, de charlatans, dans l'antiquité et de nos jours, ont avancé, sous les formes les plus séduisantes, des systèmes absurdes, qui n'ont, comme on dit, ni queue ni tête !

Je sens, je l'avoue en toute humilité, ma faiblesse à me mesurer avec de tels athlètes, moi qui, bien inférieur au fertile Scudéry, possède à peine dans mes cartons de quoi défrayer la longueur d'une mèche de bougie.

Dans cette lutte inégale de livres, n'ayant rien à opposer, il m'est réservé, je le prévois, le même sort qu'à l'infortuné Sidrac du *Lutrin* de Boileau.

Mais plein de confiance dans le Dieu de Béranger, j'espère qu'en ce combat solennel il fera passer en moi la force de David qui terrassa le géant Goliath, ou tout au moins celle de don Quichotte qui pourfendit des fantômes.

J'attaque un colosse au ventre énorme comme le ballon de Green, reposant sur des pieds d'argile.

Essayons de lui crever le ventre.

CHAPITRE I.

O France! nation heureuse! que le sort te menace de tomber en catalepsie, tu peux te flatter que les secours des médecins ne te manqueront pas. Siècle de prédilection que le nôtre! tout lui sourit; il sue le bonheur. Cinq ou six messies, envoyés d'en haut, travaillent sans relâche au salut de nos âmes. Chacun a sa panacée infaillible.

Nous serions de véritables imbéciles, si nous nous obstinions à repousser un remède efficace et souverain.

Mais la prudence commande de juger quel système peut nous donner la plus grande somme de bonheur possible, car nous ne pouvons pas nous jeter tête baissée dans un système, moins encore dans tous à la fois; nous ne pouvons pas avaler dix pilules ensemble, toutes dorées qu'elles soient; nous ne pouvons pas non plus nous appliquer, l'un après l'autre, tous les cataplasmes sur l'estomac. En tout il faut agir avec sagesse, ou nous risquerions de tomber dans quelque malaise dont les suites pourraient être funestes.

Il y a évidemment ici quelques faux dieux.

En voulant chercher Jéhova, craignons de rencontrer Baal.

Le socialisme bien prononcé est un mot plein, sonore,

magnifique; il charme, il séduit les enfants comme les grandes personnes. On croit le comprendre instinctivement; mais, quand on en demande la définition exacte, claire, précise, personne ne répond d'une manière satisfaisante, ou chacun répond d'une manière différente. Comment doit-il s'annoncer? quels sont ses principes? par quelles règles se produit-il? Pour former un jugement, l'esprit ne peut se contenter d'une définition vague. Il faut croire qu'elle n'est pas si facile, puisque les plus grands socialistes ont chacun leur doctrine particulière.

La vérité est une.

La division est le doute dans toutes les questions.

Entrons dans le sanctuaire de chacune des pagodes où trônent tant de divinités diverses ; ouvrons leurs Vedam et voyons quelle nourriture céleste peut convenir au tempérament de la grande famille.

CHAPITRE II.

SECTION PREMIÈRE.

Et d'abord, voici le grand organisateur qui apparaît tout rayonnant, avec les emblèmes du travail.

L'organisateur du travail propose ceci :

Créer des ateliers sociaux. L'État en fait les frais. L'Etat en est le régulateur légal. Ils sont ouverts aux ouvriers offrant des garanties de moralité. Le salaire est égal pour tous. Les capitalistes peuvent y verser des fonds ; les intérêts de ces fonds sont garantis par l'État. Point de participation pour eux aux bénéfices, à moins d'être eux-mêmes travailleurs.

Autant d'idées, autant d'hérésies et d'erreurs ; partout ici apparaît l'ignorance la plus profonde et des choses et des hommes.

Ouvrons donc des ateliers sociaux; couvrons-en la surface de la France; nous voilà tous le marteau à la main, ou la lime, ou la scie, et produisant à qui mieux mieux. Tout marche à souhait; la prospérité est toujours croissante; le ciel sous lequel doivent vivre les ateliers sociaux est toujours beau, serein et sans nuages. Mais, si quelque catastrophe imprévue nous surprend ; si quelque orage, formé dans notre sein, ou venant d'autres régions, fond tout à coup sur nous, qu'il ébranle l'industrie et frappe le commerce d'atonie, qu'arrivera-t-il? l'État qui a déjà versé ses trésors pour faire les frais des ateliers sociaux, l'État verse encore ses trésors avec un nouveau plaisir, pour remplir cet autre tonneau des Danaïdes.

On ne saurait payer trop cher l'honneur d'être le régulateur des ateliers sociaux.

D'un autre côté, que peut gagner l'État à former et à soutenir ces légions d'ateliers sociaux? Quand ils seraient enrégimentés, embrigadés, sous des chefs qu'ils se seraient choisis, croit-on qu'il n'y aurait pas là un danger? Avec le sentiment de cette force, pense-t-on qu'un tribun ne trouverait pas, à l'occasion, un formidable appui à des projets subversifs? Toute puissance veut exercer l'omnipotence et cherche à dominer.

Ne l'avez-vous pas essayé au Luxembourg, vous, grand organisateur du travail? n'avez vous pas dit aux délégués des ouvriers, assis sur les chaises curules de la pairie, ne leur avez-vous pas dit : Vous êtes rois, vous seuls êtes l'assemblée du peuple; je ne reconnaîtrai pas d'autre suffrage universel, jusqu'à ce que la plus profonde égalité règne en France.

Quel était le sens de ces paroles?

Que tout ce qui pourrait émaner de cette assemblée était la volonté souveraine.

Aspiriez-vous au rôle d'Agamemnon? ne vous êtes-vous pas cru déjà le roi des rois?

Le Briarée aux mille bras menacera d'étouffer l'État.

Vous avez fait des ouvriers autant de souverains.

Ils n'oublieront jamais le rôle que vous leur avez fait jouer ; ce sont des prétendants d'une autre espèce : ils se croient détrônés.

Poursuivons.

SECTION II.

« *Les ateliers sociaux sont ouverts aux ouvriers of-*
« *frant des garanties de moralité.* »

Les ouvriers honnêtes, laborieux, trouvent toujours de l'emploi ; on les recherche même. Ils ne sont guère partisans des ateliers sociaux. Les bons n'en veulent pas, parce qu'ils trouvent le salaire restreint ; les mauvais ne s'en soucient guère, parce qu'ils répugnent à un travail constant et régulier. Là, l'ouvrier médiocre seul remplira les cadres. La médiocrité ne fut jamais un élément de succès.

Vous soumettez l'ouvrier à des règles disciplinaires : la liberté est menacée. On peut ne pas être libre sans être esclave. Il sera tenu, assujetti beaucoup plus qu'il ne l'est aujourd'hui. Le devoir, dans certains cas, rend esclave, sans pour cela faire traîner le boulet. S'il n'y a pas d'esclavage, il y aura de la gêne.

L'homme veut avoir ses mouvements libres ; les aura-t-il dans les ateliers sociaux ?

Mais le but principal est manqué.

Ce n'est pas ce que je m'attendais à voir en ouvrant pour la première fois le livre de l'*Organisation du travail*.

Le sort des ouvriers laborieux, dont il s'occupe exclusivement, n'est pas le plus à plaindre.

La partie saine des ouvriers est la moins embarrassante. Mais ce qui est un véritable embarras, c'est la partie gangrenée des ouvriers.

Il était digne d'un philosophe, d'un ami du prolétariat, de

s'occuper d'une matière aussi intéressante, en cherchant les moyens d'améliorer leur déplorable position ; car, n'en doutez pas, c'est là la plaie de la société ; c'est là que fermentent toutes les mauvaises passions ; c'est de là que sortent la plupart de ceux qui, au travers de la société, qu'ils remplissent d'horreur et d'épouvante, font route vers le bagne, ou vers l'échafaud. C'est là que se sont recrutés jadis les forcenés de septembre ; c'est de là que sont sortis de nos jours les assassins de général Bréa et de l'infortuné martyr, l'archevêque de Paris.

Qu'en fait l'auteur de l'*Organisation du travail ?* rien ; il les exclut, il les abandonne à eux-mêmes, comme auparavant, comme toujours ; c'est la proie de la police.

C'est dans ce cloaque qu'il a pris ses couleurs, pour nous faire une peinture horrible de la situation des ouvriers ; il n'est sans doute que trop dans le vrai.

Mais y a-t-il de la bonne foi à ne montrer qu'un seul côté de la question ?

A Paris, il y a deux cent trente mille ouvriers environ, lorsque la tranquillité publique permet au commerce et à l'industrie de se livrer à leurs spéculations avec sécurité. Selon l'auteur de l'*Organisation du travail*, trente mille souffrent, sont mal logés, mal nourris, et portés à s'armer contre la société. Il les plaint ; il se contente de les plaindre ! Ah ! nous les plaignons aussi ! Il leur ferme ses ateliers sociaux, comme n'offrant aucune garantie de moralité. Voilà donc une caste de parias bien et dûment abandonnée ; ce n'est pas fort charitable. Toute sa sollicitude se porte donc sur les deux cent mille dont la moralité et la conduite lui sont un sûr garant de succès.

Mais est-il bien possible que dans cette masse d'individus il n'ait vu que misère et désespoir ? Je crains bien que l'auteur de l'*Organisation du travail* n'ait fait comme cet Anglais qui, débarquant à Calais, et entrant dans une auberge, fut conduit à sa chambre par une servante qui avait les cheveux rouges ; aussitôt l'Anglais écrivit sur ses tablettes : Nota. Toutes les servantes, en France, ont les cheveux rouges.

L'organisateur du travail n'a parcouru qu'une partie du cercle : achevons d'en faire le tour; remplissons cette lacune. Nous aussi, nous avons visité des ouvriers dans leur demeure ; nous en avons vu dont les chambres étaient propres et bien tenues ; les meubles étaient modestes, mais bien soignés, les lits bien arrangés, avec des rideaux de damas de laine ; le noyer, l'acajou même y brillaient ; les carreaux bien frottés, bien cirés ; la pendule sur la cheminée, avertissant de l'heure du travail, qui ne trouve jamais l'hôte en défaut ; la petite glace dans laquelle la ménagère, toujours active, jette, sans s'y arrêter, un rapide coup d'œil. Nous nous informions, non sans discrétion, de la source d'un tel bien-être

Dans tous les renseignements recueillis, nous avons pu conclure que l'ouvrier honnête, laborieux, trouve toujours une main protectrice prête à l'aider dans l'accomplissement de ses modestes projets d'avenir. Dieu ne l'abandonne jamais ; un patron bienveillant est toujours disposé à lui servir d'appui. Il prend une compagne, aussi laborieuse que lui, qui lui apporte quelque petit pécule, une faible dot, et le ménage s'installe, prospère par l'ordre et par l'économie.

Dans les manifestations pacifiques qui ont eu lieu depuis la révolution, notamment à la fête solennelle de la fraternité, on a pu voir des légions innombrables d'ouvriers ; ces masses n'offraient-elles pas un coup d'œil, non-seulement imposant, mais satisfaisant pour le cœur ? peut-on dire qu'on eût fait un choix ? Les vestes, les redingotes, les habits en drap manquaient-ils ? la mise de tous n'était-elle pas décente ? peut-on reconnaître là, chez ces deux cent mille individus, la peinture que nous fait de l'ouvrier l'auteur de l'*Organisation du travail?* Dans certains lieux publics, n'en voit-on pas même qui ont l'air d'avocats, d'agents de change, ne vous en déplaise? Je n'exagère rien; chacun peut s'en assurer s'il veut se donner la peine de se déranger un dimanche. Eh! mon Dieu! j'oserais même dire, sans blasphémer, qu'il y a des marquis de la vieille roche qui s'estimeraient fort heureux d'avoir la bonne mine de certains ouvriers.

Est-ce à dire que tout soit pour le mieux? non, mais je constate un fait.

Encore un pas.

SECTION III.

Le salaire est égal pour tous.

Parce que nous avons conquis l'égalité politique, parce que nous sommes tous égaux devant la loi, égaux par la destruction des titres nobiliaires, parce que nous pouvons tous aspirer aux emplois publics par les talents et par les services rendus à la patrie, est-ce une raison de vouloir que l'égalité pénètre dans tous les pores de la société? Prétendre faire passer le niveau sur tout, pour tout abaisser, pour tout réduire au même millimètre, en un mot, vouloir tout aplanir, en écrasant, c'est de la tyrannie, c'est de l'extravagance.

L'égalité de salaire est-elle possible?

Le génie qui conçoit et conduit, avec l'admiration de ses semblables, la machine qui féconde et fait vivre, peut-il raisonnablement être considéré comme l'égal de l'instrument qui fonctionne et se meut à son souffle inspirateur?

Votre loi tyrannique l'imposerait, que les ouvriers eux-mêmes refuseraient d'y souscrire.

Eh quoi! l'habile ouvrier, qui aura passé des années à se perfectionner dans son état, recevrait le même salaire que le maladroit qui sait à peine manier ses outils!

Un homme possède la puissance d'un dixième de cheval; un autre possède la puissance d'un vingtième de cheval;

les assujettirez-vous au même travail ? leur donnerez-vous le même salaire ? Le premier mange moitié plus que le second, et le gagne bien. Si le salaire commun est suffisant pour le second, il ne l'est pas pour le premier. S'il l'est pour le premier, le second a du superflu. Dans le premier cas, l'un meurt de faim ; dans le second cas, l'autre peut manger outre mesure, gonfler et crever comme un ballon.

C'est ainsi que, pour vouloir être les amis de l'humanité, vous en êtes les bourreaux.

Pour être conséquent,

Il faut égaliser les intelligences,

Les forces,

Les tempéraments,

Les appétits et les passions.

Vous avez beau faire, quelles que soient les lois que vous forgiez, vous aurez toujours ces inégalités, et, de plus, vous aurez toujours des chenapans.

Eh ! mon Dieu ! il s'en est rencontré dans le ciel, même parmi les anges ! Oui, voyez Satan et son pandémonium !

Quant aux autres conditions, je les passe sous silence ; elles sont si stupides, qu'elles ne méritent pas d'être réfutées.

Et c'est avec de tels moyens qu'on prétend faire dispaparaître la concurrence !

La concurrence est la plaie du commerce, il faut le reconnaître ; la concurrence est le stimulant le plus énergique, il faut le reconnaître aussi.

Que n'a-t-on pas dit pour ou contre ! Partisans et antagonistes restent toujours sur les mêmes termes. Ils y resteront longtemps encore. On peut dire avec raison de la concurrence :

Elle a fait trop de mal pour en dire du bien.

Elle a fait trop de bien pour en dire du mal.

Ses racines ont poussé trop profondément pour pouvoir l'extirper ; pour remédier à ce mal, on est forcé de l'admettre et de la placer sous l'égide de l'État. Alors la concurrence deviendra sainte. Une sainte concurrence! Quelle que soit la sainteté de la concurrence, elle ne sera pas moins concurrence. Je veux bien que ses effets ne soient pas violents, qu'ils ne s'annoncent pas inopinément comme la foudre; mais ils tueront infailliblement, pas d'une manière brutale, mais tout doucement, avec mesure; enfin elle mettra des formes dans ses assassinats; et, ce qui sera plus monstrueux encore, c'est que l'État, impuissant à la régulariser, se verra obligé de lutter. Guerre impie!

L'État ne peut succomber. Voilà donc l'État forcé, comme Saturne, à dévorer ses propres enfants.

Le commerce ne se fait pas avec du sentiment. Les affaires se traitent avec la tête et non avec le cœur; c'est triste, mais c'est vrai.

Tuez la concurrence avec la tyrannie, ou laissez faire la concurrence avec la liberté; l'un ou l'autre, choisissez.

Toute cette doctrine, développée au Luxembourg, avec cette assurance du grand philosophe du Lycée ou des sophistes d'Alexandrie, fit d'abord un bruit épouvantable et s'éteignit comme le tonnerre, dont les éclats terribles se terminent par un murmure sourd qui se perd, en mourant, dans les airs.

Le grand organisateur, tombé, a rebondi depuis, trois, quatre fois. Il veut absolument nous sauver; c'est une maladie.

Voyons ses moyens nouveaux de salut.

Il propose d'abord le droit au travail.

SECTION IV.

Il propose que chacun soit rétribué selon sa capacité, selon ses œuvres.

Il propose que l'État, en bon père, subvienne aux besoins de la consommation de chacun.

Et enfin il propose les associations d'ouvriers entre eux.

Voilà bien des propositions.

Nous avons besoin de nous recueillir.

Ces différentes thèses sont à l'usage des esprits grossiers; elles ne caressent que les idées matérielles. Aussi ont-elles séduit la classe des ouvriers qui travaillent pour gagner à grand'peine de quoi se nourrir. Mais elles ont exercé une plus grande influence sur la classe des paresseux. Cet appât, ainsi jeté, a réveillé une masse d'appétits désordonnés.

Minerve est sortie du cerveau de Jupiter; le droit au travail est sorti du cerveau de Satan. Le premier qui a réclamé le droit au travail a cru lancer une bouffonnerie; il ne savait sans doute pas qu'il sapait les fondements de la société.

Les partisans du droit au travail présentent cette idée comme éminemment fraternelle. Je leur en demande pardon, je la considère, ne leur en déplaise, comme éminemment fratricide.

On n'a point encore envisagé la question dans toutes ses conséquences, dans ses effets les plus terribles. Jusqu'ici elle n'a été qu'effleurée.

Dans le rapport qui a été fait sur la loi de l'assistance publique, je m'attendais à trouver une conception large, belle, sublime, digne enfin d'un si noble sujet. J'espérais voir s'y refléter les rayons de l'âme d'un moraliste, d'un philosophe, d'un chrétien, qui, dans une aspiration divine, à l'exemple de saint Vincent de Paul, étonne, domine et entraîne les cœurs à l'accomplissement d'un devoir envers nos semblables, nos frères!

L'esprit y brille dans tout son éclat.

L'intelligence humaine s'est trouvée en défaut.

Oui, à ce sujet sublime il fallait la poésie de l'auteur

des *Méditations*; il fallait l'onction de langage du chantre d'Idoménée; il fallait l'élévation du grand orateur qui fléchit la colère de l'empereur Théodose.

L'auteur du rapport s'est attaché à faire ressortir les banalités dont les journaux se sont défrayés en se jouant; de là, la petitesse; de là, l'infimité des idées du rhéteur.

Les petites passions du moment lui ont fait oublier la portée de sa mission dans l'avenir.

Et dire que la patrie a vu son sort remis pendant longtemps en de telles mains.

O France ! marches-tu vers ta décadence?

SECTION V.

Ce qui a enflammé l'imagination des partisans du droit au travail, c'est la fausse interprétation de la pensée d'un homme dont le nom est une autorité en économie politique.

Turgot aussi étudiait les lois de l'organisation de la société humaine. Cette étude le porta à faire diminuer les droits d'entrée sur les denrées de première nécessité. Sa sollicitude pour les ouvriers lui fit demander le droit *du* travail.

Gardons-nous de confondre le droit *du* travail avec le droit *au* travail. Il y a loin de l'un à l'autre. On ne s'est pas donné la peine de se demander pourquoi Turgot avait réclamé le droit *du* travail. On aurait été bientôt convaincu que la pensée de Turgot avait été torturée.

En effet, Turgot avait demandé l'abolition des jurandes et des maîtrises pour affranchir le travail de mille avanies et de mille entraves qui l'étreignaient. Le travail était assujetti à des formalités sans nombre; et des priviléges tyranniques le tenaient constamment dans la dépendance de certaines corporations. De là, des devoirs humiliants et pas un seul droit. C'est ainsi que Turgot, en voulant affranchir le travail de ces étreintes, proclama le droit *du* travail.

Si les partisans du droit *au* travail avaient approfondi la proposition de Turgot, ils ne seraient pas tombés dans une si grave erreur.

Les mœurs de l'époque où vivait Turgot, la constitution de la société, basée sur les traditions les plus antiques, les ressources du royaume déjà épuisées par les folies et les vices de la cour, tout a échappé à la perspicacité de ces économistes soi-disant hommes d'État. Si Turgot eût eu une semblable pensée, avec la portée qu'on veut lui donner aujourd'hui, il eût été traité de fou avec juste raison ; il ne fût pas resté trois jours dans le royaume ; la cour s'en fût émue, les abbés en eussent ri.

Les marquis eussent berné Turgot sur la couverture, et eussent fait sauter l'imprudent réformateur, du grand escalier de l'Orangerie dans la pièce des Cent-Suisses.

La pensée de Turgot était rationelle, équitable.

SECTION VI.

Ce qu'on demande aujourd'hui est une pensée extravagante, destructive.

Les ardents novateurs n'ont soulevé cette question qu'en haine de la propriété. L'un d'eux n'a-t-il pas dit : donnez-moi le droit au travail et je vous fais bon marché de la propriété ! idée infernale, qui résume à elle seule tout le système de démolition des socialistes.

Ainsi envisagée, l'idée est-elle autre chose que fratricide ?

Mais il est encore des conséquences plus meurtrières.

L'État peut-il s'engager à donner du travail à tous ceux qui en manquent, dans toutes les professions ? s'il ne le peut, quel sera alors le salaire de l'ouvrier qui réclame son droit? personne ne s'est occupé de ce tarif. C'est cependant une des conditions les plus importantes, de savoir ce qui doit être alloué à l'ouvrier pour vivre.

A quel âge a-t-on droit au salaire? sera-t-il égal pour le jeune apprenti, pour l'ouvrier qui se forme, pour l'ouvrier capable? pour la fille, pour la femme, pour le célibataire, pour celui qui a de la famille?

Vous faites jouer ici à l'homme un rôle inaccoutumé. Vous changez toute l'économie domestique, toute l'organisation sociale, et vous n'avez pas seulement étudié jusqu'à quel point, à quelle condition, dans quel rapport organique, l'homme doit entrer dans cette combinaison économique. Par ses penchants, par ses passions, par sa nature, je le déclare, l'homme y est profondément impropre. Sur cent individus, un répondra à votre attente; les autres la tromperont; un sur cinq gagne plus que le salaire que vous décrèterez, il vous maudira. Un sur dix, homme de cœur, consciencieux, considérera ce salaire comme une aumône, il n'en voudra pas; malgré votre loi, vous aurez toujours des pauvres honteux, des indigents; ce sera leur faute, sans doute; ils n'en mourront pas moins; un sur vingt, peut-être sur moins, cherchera de l'ouvrage et priera le bon Dieu de ne point lui en envoyer. L'homme ne travaille que pour se procurer le repos. Qu'entendez-vous tous les jours à vos oreilles, à tout âge, dans toutes les conditions? Ah! si j'avais ci! Ah! si j'avais ça! Ah! si j'avais juste pour vivre! je ne ferais plus rien; j'en prendrais à mon aise; je me reposerais bel et bien! je me promènerais la canne à la main.

Et lorsqu'un dieu aura, à propos, fait ce loisir à tout le monde, croyez-vous qu'on aura bien le cœur à l'ouvrage? Autant d'ardeur l'ouvrier met aujourd'hui à se procurer du travail, autant d'ardeur il mettra à le fuir; il se fera un bonheur d'éluder votre loi.

Ne vous faites pas d'illusions, le droit *au* travail est le droit à la paresse.

SECTION VII.

Ce n'est pas tout, il reste encore un côté de la question à envisager, côté dont les conséquences ne sont pas moins funestes.

Vous aurez une armée innombrable de riches mendiants; quel que soit le salaire, elle s'accroîtra, loin de diminuer; ne croyez point que je sois attaqué de la maladie du pessimisme. L'histoire est là. Le monstre des ateliers nationaux est là encore gisant à nos pieds, la gueule encore toute béante.

Je le demande, qu'avons-nous vu?

Tout le monde peut le dire. On a vu des ouvriers fuir un travail qui pouvait leur procurer trois francs par journée, pour venir s'enrôler dans une brigade et toucher un franc! Mais ici on se croisait les bras, on fumait, on jouait, on lisait les feuilles publiques, et la journée n'avait pas d'heures, tant le *far niente* du lazarone est commode et doux.

L'exemple gagnera, et l'État aura bientôt épuisé ses ressources; vous aurez plus de mendiants que sous tous les régimes monarchiques. Ils viendront s'abattre dans les villes comme une nuée de corbeaux. Vous ne serez occupés qu'à porter la discipline dans ces bataillons affamés; les bras manqueront bientôt à la terre.

L'agriculture tombe dans la détresse, le commerce s'anéantit et l'industrie disparaît. Qui voudra travailler, désormais, pour nourrir les fainéants? Que sera-ce, si un nouveau maître de Hongrie en fait des pastoureaux?

Les familles qui pourront ramasser de l'argent émigreront et iront, soit en Angleterre, soit en Amérique, soit même en Russie, chercher un abri, où elles seront plus en sûreté. La France, dans dix ans, peut-être dans moins de temps, n'offrira plus que l'aspect d'un vaste désert. Le jardin des Tuileries et les Champs-Elysées se couvriront de ronces et d'épines; et l'arc de triomphe de l'Étoile disparaîtra sous le lierre.

Je devrais m'arrêter et en finir avec ces folies; mais ma tâche n'est point remplie. J'ai pris position, et je ne quitterai mon poste que lorsque mes munitions seront toutes épuisées. Si je le désertais, ne serait-on pas en droit de m'accuser de faiblesse?

Il y a d'autres grandes questions à vider.

Tous ne demandent pas le droit au travail pour reconstituer la société; elle peut être restaurée sans cela; n'avons-nous pas cette formule sacramentelle :

A chacun selon sa consommation, à chacun selon sa capacité, à chacun selon ses œuvres.

SECTION VIII.

Quand j'envisage ces aphorismes, j'ouvre de grands yeux et je regarde bien si c'est sans rire qu'on nous les adresse. Je me demande si c'est sérieusement qu'on propose cela, et si ce ne sont pas des charades qu'on donne à deviner aux enfants.

Je suis tout honteux pour le peuple qu'on l'ait cru assez simple, assez stupide pour trouver, au fond de ce mélange d'idées, l'ombre du bien-être et du bonheur de l'espèce. L'admettre un seul instant c'est prononcer notre déchéance. Alors le secret est trouvé, nous ne sommes bons tout au plus qu'à être les décrotteurs des bottes d'un omniarque, de nos duumvirs, de nos tétrarques, de nos pentarques, que sais-je, d'un tas de commissaires et de sous-commissaires, tous hommes de grandes œuvres et de grande capacité, comme chacun sait.

Qui nous jugera selon nos œuvres, selon notre capacité? Devant qui paraîtrons-nous sur la sellette? Quel grand jury? Le jury national? Devant qui son jugement sera-t-il porté pour être ratifié? Qui nous classera? Qui établira les catégories? quel sera le salaire de chaque catégorie? Avez-vous seulement pensé à toutes les conséquences de ce système? Vous contenterez-vous des élucubrations de Saint-Simon? et croyez-vous mieux réussir qu'à Ménilmontant?

Voyons, nos juges, approchez, mettez-vous en rang, sur une ligne. Combien êtes-vous qui prétendez nous administrer? Je compte vingt grosses têtes, en admettant que vous soyez dans un accord parfait; voulez-vous que je vous désigne nominativement à la reconnaissance publique? j'en suis capable; mais tout le monde vous a désignés du doigt.

La France a ses archontes! la France a son aréopage! Chacun se présente devant vous; nous déposons notre caillou blanc ou noir dans l'urne d'airain ou dans l'urne de bois; et le tour est joué. Vous envoyez celui-ci à la cuisine, celui-là au moulin, à l'écurie; à vous l'édredon, à nous la paille.

Mais êtes-vous des Eaques, des Rhadamantes, des Minos? et vous croyez-vous infaillibles? Nous vous jugeons à notre tour. Permettez que je vous mesure. Je prends mon étalon, et vous l'appliquant à un millimètre près, je m'aperçois que vous êtes encore loin d'atteindre à la taille des héros d'Homère.

Et vous vous croyez aussi grands que les pyramides d'Égypte!

En vérité, je vous le dis, si le Nil, en débordant, n'atteignait que treize fois votre hauteur, la pauvre Égypte se trouverait menacée d'une disette complète.

Et vous croyez la France descendue assez bas pour passer sous vos fourches caudines!

Mais c'est assez... La queue du système qui reste ne vaut pas la peine d'être discutée.

SECTION IX.

Le génie de l'auteur de l'*Organisation du travail* est inépuisable; polype intellectuel, coupez-lui la tête, il lui en repoussera toujours.

Aujourd'hui il s'en prend aux associations.

Il veut des associations à tout prix.

L'association partout et toujours. Faites des associations, c'est son cri de ralliement, c'est son Mont-joie et Saint-Denis! A l'ardeur qu'il met à conseiller les associations, on serait tenté de supposer que c'est chose nouvelle; on serait porté à croire qu'il s'agit encore de briser les jurandes et les maîtrises, de s'affranchir des despotiques entraves qui gênent la volonté des ouvriers. Le héros de la Manche ne se montrait pas plus résolu, lorsqu'il combattait les moulins à vent.

Eh! mon Dieu! qui jamais a pensé à porter obstacle aux associations? Tout le monde est libre de former des associations; il serait même à souhaiter qu'elles se multipliassent; il serait à souhaiter qu'on les vît se constituer, mais, sous leur propre inspiration; car si le malheur veut qu'elles se forment sous une influence étrangère, il est à craindre que la direction n'en soit faussée.

Le but que se propose l'association est digne de respect.

La solidarité, qui doit en être la base, est chose sainte. Certains promoteurs de l'association ne la conseillent que dans l'intention de flatter l'amour-propre de l'ouvrier, qui semble revêtir ainsi la qualité de maître. C'est une puérilité. La vanité ne donne aucune valeur à l'homme. La probité rend l'ouvrier l'égal de son patron. La destination que je donne à l'association est plus digne et plus noble.

Je veux qu'elle soit basée sur la fraternité, sur le dévouement.

Oui, il y a du dévouement chez un ouvrier à renoncer à un salaire qui le rend indépendant et maître de fait, sinon de droit, pour se faire membre d'une association qui le rendra maître de droit avec une part qui, peut-être, n'égalera pas son salaire d'ouvrier.

C'est de l'abnégation; et l'association, basée sur ces principes de désintéressement, deviendra un sûr garant de tranquillité pour la société, et sera une digue formidable opposée aux flots du socialisme.

Mais je tremble que cette direction ne soit détournée d'une si belle voie. Le calme manque aux esprits, et les antécédents des agitateurs ne me rassurent point.

S'ils y portent la main, la corruption attaque aussitôt le corps qui se dissout. Comme les harpies, ils souillent tout ce qu'ils touchent.

Que Dieu les juge et la société après.

Arrivons à un autre sauveur de la société.

CHAPITRE II.

SECTION PREMIÈRE.

Salut grand maître du phalanstère, nouvel Anaximandre, fabricateur de cercles s'enlaçant les uns dans les autres, comme dans cette sphère armillaire.

Salut! Avec ce gribouillage, nous obtenons le sommet de la science. Là, nous avons les communes, le département, les provinces, les royaumes, les empires, les continents mêmes, sur lesquels désormais doit agir le système sociétaire, unitaire, sériaire.

Dans cette trinité mystique se trouve tout le secret de la comédie.

C'est le grand critérium de la science sociale.

Cette science est on ne peut mieux développée dans des ouvrages très éloquemment écrits. Ce n'est pas le talent qui manque. Dans toute théorie brillent souvent des qualités éminentes qui placent l'auteur à un haut degré d'estime. On se laisse facilement séduire par le charme d'une lecture ou par celui de la parole. C'était jadis les qualités dans lesquelles excellaient les sophistes; mais, vient l'analyse qui tue, et la pratique à laquelle rien ne résiste. Tout système philosophique doit répondre à un besoin général. S'il a la prétention d'introduire des changements dans l'ordre économique et politique, il faut avant tout considérer si les lois existantes de l'organisation des sociétés humaines ne sont pas suffisantes pour amener l'idéal que vous cherchez; il faut se pénétrer de la possibilité de la réalisation d'une doctrine nouvelle; se demander si les mœurs, les lois, ne sont point des causes de répulsion; si les éléments qui fonctionnent depuis longtemps, ramenés sans effort au but que la raison leur avait assigné, n'ont point déjà la puissance dont vous voulez les entourer. La greffe, pour être utile, doit être faite à propos, ou ne produit rien; l'exérèse sans motif peut être dangereuse. On est malade à divers degrés. Un simple médicament peut guérir; si, à la place, vous administrez un remède de cheval, vous tuez. C'est l'erreur dans laquelle sont tombés tous nos sophistes modernes, le phalanstérien plus que les autres, parce qu'il se sert des éléments qui constituent la société actuelle pour les tordre et les déformer.

Croyez-vous qu'il suffise de prôner son élixir dans un beau salon, devant un auditoire composé de flâneurs et d'amateurs, et embelli par les femmes de quelques fonctionnaires qu'attire la curiosité? Là, il est certain que vous exciterez l'intérêt; à un beau mouvement oratoire, vous serez accueilli par un agréable murmure, et, s'il vous arrive de parler avec chaleur d'humanité, de charité, de fraternité, d'invoquer le Christ, vous obtiendrez des marques du plus tendre assentiment; que si, développant avec aplomb votre système, vous employez les ressources d'une brillante imagination pour peindre en traits de feu l'harmonie sociale, l'attraction industrielle, la dignité humaine, le travail attrayant, le salut du monde, son commencement et sa fin, vous serez salué par des applaudissements d'autant plus vifs, que personne ne vous aura compris. On admirera votre talent autant que votre moustache, et de votre système il ne sera nullement question.

La preuve, c'est que personne dans l'auditoire, non-seulement ne s'empresse de vous donner une partie de son champ pour l'exploiter, mais ne vous fait pas même cadeau d'un centiare de terrain pour l'expérimentation; et vous eussiez mis un tronc à la porte pour l'édification de votre église future, que vous n'eussiez pas trouvé deux sols au fond.

SECTION II.

Mais choisissons un autre théâtre et suivez-moi; montons ensemble sur le tombereau de Thespis pour jouer notre parade, et acheminons-nous vers n'importe quelle commune de France, composée de deux mille âmes, formant quatre cent familles. Installons-nous sur la place publique, et là, au son de la grosse caisse et d'une clarinette, appelons tous les paroissiens. Les voilà réunis dans l'attente de vos belles paroles et disposés à faire emplette de votre électuaire. Expliquez-vous sans ambages et tout crûment; soyez clair comme l'eau de la fontaine qui coule devant nous. Parlez.

Messieurs et mesdames, petits garçons et petites filles, prêtez-moi une oreille attentive.

Mon maître est le seul vrai prophète de Dieu! Je vous

apporte un nouvel Évangile. J'ai la sainte mission de répandre sur vous le bonheur le plus parfait auquel l'homme puisse atteindre; l'homme est fait à l'image de Dieu, ce qui veut dire qu'il doit être beau, magnifique et libre; or, vous êtes très mal faits, laids et esclaves. Pour vous faire subir cette métamorphose, il suffit de trois opérations. (*Attention générale.*)

Premièrement, nos habitations sont peu commodes, mal bâties, et tournées vers tous les points cardinaux. Vous avez chambre à coucher, cuisine, caves, greniers, écuries. Superfluités! Vos architectes sont tous des ânes. Nous allons raser tout cela. (*Etonnement.*)

A la place, nous allons construire un magnifique palais comme celui de Richelieu à Paris, ou comme le palais des Etats à Dijon, ou comme Bicêtre. Là, chacun, chaque famille aura sa loge, je veux dire son appartement.

Mon maître, le grand prophète, avait eu une idée, que vous pourrez réaliser si elle vous sourit; elle simplifierait beaucoup notre immense habitation. Cette idée consistait à n'avoir qu'un seul dortoir, et par conséquent un seul grand lit où vous coucheriez tous pêle-mêle. Ainsi, Pierre passerait la nuit, tantôt avec Goton, tantôt avec Toinon. Les garçons, les jeunes filles en feraient. (*Chuchotements.*)

Nous n'avons pas adopté cette idée, rassurez-vous; ainsi, dans votre appartement, vous aurez votre chambre à coucher, voilà tout. Il y aura un grenier pour tout le monde, une cave pour tout le monde, une écurie pour tout le monde, une seule écurie, une infirmerie pour vous, une infirmerie pour les animaux. Si votre enfant est malade, vous n'avez pas besoin de vous en occuper; il faut d'abord travailler : le médecin est là pour le guérir. Il guérit toujours, parce qu'il a intérêt à guérir. Si vous avez une indisposition subite, vous envoyez chercher à la cuisine un remède que vous prenez froid; si vous avez besoin d'un œuf à la coque, on vous l'envoie aussitôt, et vous le mangez comme il peut être, pour arriver à votre sixième étage, c'est-à-dire un quart-d'heure après qu'il est sorti de l'eau bouillante.

Cette belle chose s'appelle un phalanstère, c'est-à-dire manoir de la phalange; en voici le modèle: c'est magnifique! Vous voyez? (*On se le passe de main en main, chacun admire la chose.*)

Désormais, vous êtes phalange industrielle.

Nous arrivons au secondement. Il y en a qui disent: « Mes frères, il n'y a plus de frères! » Nous sommes tous frères, quoi qu'on en dise.

Nous allons tous former une grande association, une association par actions. Nous allons faire le cadastre de la commune; après quoi, nous abattons tous les murs de clôture, nous arrachons toutes les haies, nous renversons toutes les bornes qui marquent les limites des champs de chaque propriétaire, nous comblons les fossés qui les séparent; que de terrain de gagné! après, nous faisons passer la herse sur tout cela, et nous obtenons un terrain aussi uni qu'un des carrés du jardin des Tuileries. La terre que vous avez reçue par héritage, la maison qu'ont habitée vos pères, le jardin que votre aïeul avait planté, de tout cela, plus la moindre trace, tout a disparu. (*Signes de stupéfaction dans l'assemblée.*)

Nous semons, nous récoltons, nous faisons les parts proportionnelles, selon les travaux de nécessité, d'utilité et d'agrément. Ces derniers auront la plus petite part. Le grand propriétaire pourra n'avoir qu'une moyenne part, et tout cela organisé, nous retomberons sur nos pieds comme auparavant. (*Murmures.*)

Voilà pour le système sociétaire et unitaire.

Pour troisième opération, nous avons le système sériaire.

L'organisation de la commune en association ainsi faite, il est nécessaire d'organiser le travail et de le rendre attrayant; c'est là le but que se propose notre science sociale.

On réunit tous les sociétaires qui ont une spécialité, et on en forme une série à laquelle on en confie l'exploitation. On donne un chef à cette série, comme qui dirait un conducteur des travaux. Cette série est composée de plusieurs groupes ; chaque groupe est destiné à faire valoir les variétés de la spécialité ; le groupe est sous la conduite d'un chef, comme qui dirait un caporal d'escouade.

Vous fauchez aujourd'hui, vous vendangez, vous coupez vos blés avec ordre, sans le secours d'un ordonnateur ; vous concevez que le travail sera bien mieux fait lorsque vous aurez un ordonnateur à votre tête.

Vous vous êtes crus libres jusqu'à ce jour, vous étiez dans l'erreur. Vous marchiez sans savoir où vous alliez, vous vous arrêtiez au moment où il fallait marcher. Désormais, tout se fera par règle et par compas, avec symétrie.

Mais la plus grande liberté vous est donnée de vous promener d'une série à une autre et d'un groupe à l'autre. Ainsi, le travail de tel groupe vous ennuie, vous courez à un autre ; celui-là vous ennuie à son tour, vous allez à un autre, de manière que d'heure en heure, de quart d'heure en quart d'heure, tous les sociétaires de chaque groupe passent ainsi la journée à se promener de série en série, de groupe en groupe, allant, venant, se croisant, se saluant, se serrant la main et s'animant au travail.

Le travail est attrayant, parce qu'il ne se fait rien qui vaille.

Car, messieurs, qu'est-ce qu'un homme qui est appliqué trois cent soixante-cinq jours de l'année à un seul objet ? C'est une machine, un automate. Le laboureur, à force de se pencher pour bêcher la terre, prend des courbatures et se voûte tout à fait. L'homme, fait à l'image de Dieu, doit être toujours droit pour contempler le ciel.

Pour conserver ses belles formes, nous bêcherons tous une heure par jour, et vous verrez comme la besogne sera bien faite. Il faut aussi que le travail soit attrayant dans toutes les professions ; mais comme le talent et la science n'arrivent à personne en fumant sa pipe, il est indispensable d'apprendre un état. En toutes choses, les premiers éléments sont un peu durs. Vous passez quatre ans au moins en apprentissage, pour vous former dans une profession. Quatre ans ! toujours la même chose ! c'est, il est vrai, répugnant d'après notre système ; mais il vous est loisible de passer quatre autres années pour apprendre un autre état ; vous pouvez même en apprendre une demi-douzaine. Quel avantage vous acquerrez ! Après vingt-quatre ans d'un travail répugnant, vous avez la faculté, arrivé à cinquante ans, en vous promenant d'une série à une autre, de vous procurer gentiment le travail attrayant.

C'est votre droit ; car, au phalanstère, on jouit de la liberté la plus étendue. (*Les paroissiens, impatientés, s'imaginent qu'on se moque d'eux. Ils commencent par grogner. On s'échauffe, on s'anime, l'orage gronde. Déjà quelques fourches se montrent, l'attitude de quelques-uns est menaçante. Il est temps de partir, nous déguerpisssons...*)

La commune s'en va à tous les diables : adieu la ruche, l'alvéole est brisée, le couvain a avorté.

Et cependant, le phalanstère seul peut tout sauver ! car l'agglomération fait l'association qui, par l'organisation, au moyen de l'action, de la passion, de l'attraction, de l'émulation, de la compensation, avec la classification, la division, conduit à la répartition de la production et de la consommation. La solution, c'est la confusion.

Notez que nous ne citons ici que les idées les moins folles et les moins absurdes ; nous vous faisons grâce de la queue en trompette, du rôle du géniteur, de bien d'autres saletés ; mais là où le dégoût commence, le rire cesse.

Hélas ! nous sommes encore menacés d'un autre bonheur. Comme l'épée de Damoclès, le bonheur est sans cesse suspendu au-dessus de nos têtes. Il s'offre à nos yeux sous toutes les formes. Voici une variante qu'on veut nous injecter, comme étant la seule qui possède toutes les conditions de félicité, de volupté et de bien-être.

Cette panacée est le communisme, puisqu'il faut l'appeler par son nom.

CHAPITRE III.

SECTION PREMIÈRE.

Le communisme icarien est la conception la plus drôlatique et même la plus ignoble qui soit jamais éclose dans un cerveau humain. La Fontaine, qui a mis si souvent en scène les animaux, même les plus immondes, s'il se fût douté d'une pareille idée, n'eût pas été embarrassé de lui trouver une société de personnages dignes du sujet.

Livrez la société au communisme pour qu'il la façonne à sa manière, aussitôt le néant apparaît ; la lumière s'éteint et les ténèbres nous enveloppent dans le plus noir des chaos. Il faudra quinze jours à Dieu pour le débrouiller.

Tout change. Une fusion s'opère : l'or, l'argent, le plomb, le fer sont jetés dans le même creuset. L'amalgame universel est fait. Tout est mêlé, confondu. Ce qui est dessus tombe dessous, ce qui est dessous remonte dessus. Il n'y a plus d'extrêmes ; le gâchis est complet, la transformation est effectuée, le râteau est promené de long en large dans tous les sens, et nous sommes tous égaux. A la bonne heure ! c'est joli, très joli ! Qu'allons-nous devenir ? Qu'allons-nous faire ? où plutôt que va-t-on faire de nous ? Ne soyez pas en peine : d'abord les cabaleurs se ruent sur les places et ont soin de se faire un bon lit. On forme un gouvernement ; on constitue un État ; on accouche d'un gérant, d'un directeur, d'un protecteur, enfin d'un roi de la pétaudière.

L'État fait main basse sur tout ; il s'empare de tout : premièrement, de la banque de France ; puis du grand-livre de la dette publique. C'est chose singulière comme la banque de France est lorgnée par les socialistes, les communistes et toute la bande ; et comme la dette publique est convoitée par eux, toujours, bien entendu, relativement au bien général, et en particulier, par rapport au prolétariat. Dans un zèle ardent pour la chose publique, l'État se déclare seul propriétaire du sol de la France ; il vous prend châteaux, fermes, maisons, champs, manufactures, usines, industrie, commerce, enfin jusqu'à vos bottes ; il vous dépouille entièrement, et vous met nus comme des petits saint Jean. Vous vous croyez perdus, vous vous croyez ruinés, vous n'avez qu'à vous pendre ; erreur ! Vous ne fûtes jamais plus riches. Un roi insolent ne peut plus dire : L'État, c'est moi ! Vous dites fièrement : L'État, c'est nous ! Oui, c'est nous qui sommes l'État ! Vous pouvez dire, plus orgueilleux qu'un Espagnol en guenilles : Tout est à nous et rien ne nous appartient.

SECTION II.

Est-il position plus belle et plus digne d'envie ? Quel est le peuple qui pourra en dire autant ? Tout cela est superbe, mais il faut travailler. Comme vous ne possédez plus rien, vous ne pourrez, par conséquent, plus travailler pour vous ; alors vous travaillez pour l'État, et voici l'avantage immense. Vous n'avez pas le moindre souci de la vie matérielle ; et ce n'est pas peu de chose pour beaucoup de gens. Vous êtes sûr d'avoir toujours du pain sur la planche.... si la saison n'est pas mauvaise et si la disette ne vient pas vous assaillir; seulement il faut le gagner; car il faut toujours gagner son pain à la sueur de son front, en anarchie comme en monarchie. L'État vous prête une pioche, une pelle, une charrue, des bœufs, tous les outils possibles, peut-être les vôtres mêmes, et vous labourez, bêchez, piochez, pour la plus grande gloire de l'État et pour grossir votre trésor, c'est-à-dire le trésor public; vous faites, j'en suis sûr, de belle besogne, à peu près comme on en fait dans les phalanstères. Il est souverainement reconnu qu'on travaille avec plus d'ardeur et bien mieux pour la communauté, pour tout le monde, que pour soi, pour sa famille, pour s'amasser quelques épargnes en vue de la vieillesse. Qu'ai-je dit? il s'agit bien d'épargnes; fi donc! c'est un vice d'égoïsme; c'est un vol que vous faites à la société. N'est-ce pas évident? Vous travaillez, vous suez, vous piochez, vous gagnez pour mettre de côté: donc vous êtes un voleur. En communisme, il n'y a point d'épargne individuelle. A quoi bon? Pourquoi travaillez-vous? Pour vivre? Eh bien! l'État se charge de votre nourriture.

SECTION III.

Parlons un peu de la nourriture. Vous qui vous réjouissez de voir le communisme fleurir et porter ses fruits, vous vous attendez peut-être que les alouettes vont vous tomber toutes rôties dans... la bouche; détrompez-vous. Après avoir travaillé douze heures (ne vous attendez pas à travailler moins quoi qu'en ait décrété l'Assemblée nationale, au petit pied, du Luxembourg), vous allez chercher la pitance chez le maître-queux de votre quartier. On vous donne un pain d'un kilo et demi pour deux jours;

on vous pèse un demi-kilo de viande, on vous mesure votre vin, on vous jette une pincée de sel dans le creux de votre main, et vous allez avec cela faire votre brouet.

Vous connaissez Paul-Louis Courier, cet écrivain si piquant, qui fit passer de si mauvais quarts d'heure à la restauration; c'est lui qui, dans un moment de bonne humeur, inventa la marmite représentative; le communisme, dans un beau jour de ripaille, a inventé la marmite nationale.

Si vous avez besoin de vêtements, vous allez chez le ministre qui a le département des culottes, ou chez celui qui a le département des blouses, ou chez celui qui a le département des souliers et des sabots; en un clin-d'œil vous êtes habillé de pied en cap, et vous n'avez pas la faculté de dire, comme le ci-devant jeune homme: Ma parole d'honneur, je veux un pantalon juste; si j'y entre je ne le prends pas. Serait-il large comme un sac, il faut le prendre, ou on vous le jette au nez.

Ce sont là les moindres bienfaits que le communisme vous prépare.

SECTION IV.

L'infâme capital, ce coquin de capital qui donne à manger à tant de gens, qui fait vivre toutes ces grandes et belles industries, qui se répand partout et donne la vie à tous, qui coule dans tous les canaux du corps social, comme le sang circule dans les veines, ce maudit capital a enfin disparu. Le niveau égalitaire a aplati toutes les bourses, ou plutôt il n'y a plus de bourses; les fortunes sont toutes égales. Le grand problème est résolu : nous sommes tous égaux. Vive l'égalité et les pommes de terre!

Nous ne possédons rien ; l'état a tout accaparé : donc nous sommes tous riches. Syllogisme digne du grand ergoteur de l'époque, qui, du haut de son escabeau, vous débite des logogriphes avec un talent synthétique à vous jeter à la renverse. Mais patience ! son tour viendra de l'étendre sur le lit de Guatimozin.

SECTION V.

Ah ! nous voilà donc tous égaux ! Quel bonheur ! Avec quelle volupté l'esprit se repose sur cette idée consolante : le banquier marche de pair avec le chiffonnier ; Frisette avec Cornélie, la mère des Gracques ; Triboulet avec le sage Bias ; le comte de Sainte-Hélène avec Lamoignon, s'il y en a encore. Ainsi de toute la grande famille qui grouille dans le beau pays des Gaules. On a longtemps cherché le levier inconnu qui, par sa puissance, devait rendre la civilisation parfaite ; aujourd'hui nous avons dix leviers, dix Archimèdes.

SECTION VI.

Avec la pâtée assurée, l'or est une chimère. Croyez-vous que celui qui en possède quelque peu voudra rester membre de votre société régénérée ? Soyez bien persuadé qu'il ira chercher des frères ailleurs. Le faubourg Saint-Germain ira se mettre sous la protection du grand Czar ; la Chaussée-d'Antin traversera la Manche le plus vite possible ; le faubourg Saint-Honoré passera le Rhin ; industriels, rentiers, s'enfuiront à travers l'Atlantique. Vous aurez fait là un joli Paris.

Ce n'est pas tout ; sans or quelles industries prétendez-vous faire fleurir ? Aurez-vous des voitures ? Aurez-vous des plumes ? des bijoux ? Aurez-vous des étoffes de soie, de cachemire ? Aurez-vous ces mille et une fantaisies qui naissent, meurent et reparaissent tous les jours sous des formes variées comme le Protée de la fable? A quoi bon? Où serait donc l'égalité? Je vous le demande? Il faut être conséquent; à cet égard votre Icarie est un leurre. Vous parlez d'arts, de théâtres, etc.; combien donnerez-vous d'un tableau? un bon pour une paire de guêtres; car vous ne le couvrirez pas en entier d'espèces d'or monnayé. A quoi bon? Que ferait l'artiste de votre or? Prendra-t-il un équipage? et l'égalité? Que donnerez-vous en payement à vos acteurs, à vos danseurs? Des soupes économiques, comme gratification. Donnerez-vous 40, 50, 100 mille francs à un grand talent, l'honneur de l'Icarie, lorsque vous déclarez qu'un citoyen ne doit rien posséder en propre, et que la subsistance journalière doit suffire à l'homme pour vivre? Vous le dédommagerez peut-être avec une récompense honorifique; vous lui élèverez une statue en plâtre qui se fondra au premier nuage qui crèvera dans le ciel.

Vous ne prétendez pas faire des riches après avoir tout pris? Ce serait agir contre votre système. Vos artistes iront donc rejoindre ou le faubourg Saint-Germain, ou la Chaussée-d'Antin. Voilà donc Paris qui commence à prendre une vraie face de carême. Vous ferez du palais de Richelieu et de tous les autres grands monuments nationaux, de vastes cuisines; car tout doit se résumer en marmites de Papin. Quant aux Tuileries, vous en ferez un hôpital civil, et nous aurons le plaisir de voir nos frères malades, en bonnets de coton, se promener dans le jardin des Champs-Élysées. Ce sera charmant, et Paris sera plus que jamais la première ville du monde; et, des quatre points cardinaux, on verra accourir les peuples pour nous contempler; et chacun, en s'en retournant, emportera un exemplaire du *Voyage en Icarie*, pour apprendre à se déguiser en Gaulois communiste.

SECTION VII.

C'est peu : pour compléter notre existence sur cette terre, le communisme nous réserve d'autres bienfaits; et de la cuisine, nous fait passer au paradis. Pour qu'un système soit parfait, il faut que toutes ses parties soient en harmonie. Le bonheur de l'homme n'est pas tout dans le nécessaire de la mâchoire, dans la vie matérielle; il est aussi dans les joies, dans les plaisirs, dans les douceurs que la femme nous fait goûter et dont elle inonde notre âme. Le communisme n'y va pas par quatre chemins; comme le sol, comme les propriétés, comme les récoltes, la femme est à tout le monde.

Le *Voyage en Icarie* a l'air de me donner un démenti; c'est moi qui le donne.

Voici sur quoi je me fonde. Monsieur Icar adressait ces mots en confidence à un de ses fervents adeptes, pour le gourmander de ce qu'il s'était trop pressé de découvrir le pot aux roses : « Est-ce que la communauté ne pour« rait d'abord exister pendant un nombre d'années plus « ou moins considérable, avec le mariage et la famille, « sauf à les abolir, quand on le voudrait et quand la néces« sité s'en ferait impérieusement sentir ? »

Voilà un guet-apens bien conditionné, et voilà par quelle religion l'antique religion de nos pères est menacée.

Ces novateurs ne s'y prennent pas autrement. Vous ne connaissez jamais leur dernier mot; ils vous jonchent d'abord le chemin de fleurs, et vous conduisent, à votre insu, dans un précipice. Ainsi donc la femme est à tout le monde.... Pourquoi jouirait-elle seule de privilèges ? Et l'égalité ? Le bœuf travaille, vous lui devez sa botte de foin; l'homme travaille, vous lui devez sa soupe; la femme se livre aux travaux qui lui conviennent; elle aussi appartient à l'État ; elle distribue son lait aux enfants de l'État ; ses mamelles sont par conséquent à la communauté ; elle est femme de nom, et réellement elle n'est que femelle. Le communisme ne peut vouloir autre chose. La grande affaire, la seule, c'est de faire vivre tout son monde; c'est de manger ; toutes les forces sont dirigées vers ce but : bêtes, hommes, femmes, enfants, c'est tout un, y coopèrent suivant le degré de leurs facultés. On éloigne d'eux tout ce qui pourrait affaiblir les forces ou les annihiler. La famille, malgré la ration nationale, ne serait point à l'abri des coups du sort. C'est une maladie, c'est une mort, c'est un accident dont l'Icarie ne préserverait point. Les peines, les soins, les malheurs, abattent l'homme et l'accablent ; il faut du temps pour se remettre de ces malheurs. Mais l'État serait là pour vous crier aux oreilles : Travaille ! travaille, si tu veux manger : tes frères ne peuvent travailler pour toi.

La famille privée ne peut donc pas exister avec tous ses charmes, avec toutes ses douceurs, avec toutes ses délicates affections. Mais il faut reconnaître aussi que, si le bonheur intérieur manque, si le mystère de l'alcôve n'offre aucune de ces voluptés délicieuses qui font le charme de la vie des êtres faits à l'image de Dieu, il y a d'autres compensations. Le ménage est remplacé par la ménagerie, où les êtres sont faits à l'image de Nabuchodonosor ; là, point de soucis, point de tribulations conjugales, point de tracas des enfants, soit pour leur éducation, soit pour leur avenir. L'État, en bon père, pourvoit à tout. Là, il n'est pas à craindre qu'une Martine dise à son mari : Ivrogne, j'ai quatre pauvres petits enfants sur les bras, qui me demandent à toute heure du pain, et qu'un Sganarelle lui réponde: Eh bien ! mets-les à terre, et donne-leur le fouet. Mais en revanche, il pourra passer ses doigts dans les boucles de la blonde chevelure d'un petit chérubin, et revendiquer, avec le sentiment d'un noble orgueil, une partie de cet enfant appartenant à trente-six pères. C'est toujours une consolation paternelle.

Que de bienfaits le communisme doit faire pleuvoir sur l'humanité ! Oui, c'est ainsi que Dieu entendait rapprocher les hommes; c'est ainsi que le Christ, interprète de son divin père, entendait la communauté ! O blasphème ! C'est ainsi que Platon, Socrate, et qui sait, peut-être Pythagore, entendaient la société ; au moins ainsi que l'entendait Diogène. Nos intrépides novateurs voudraient renouveler les antiques agapes, non à leur sublime origine, mais à leur ignoble décadence.

Et ces gens-là veulent vous parler nature, amour, raison, liberté, égalité, fraternité, morale, philosophie ! Arrière ! Le communisme est l'anéantissement, l'asservissement, l'aplatissement de l'espèce humaine. Il arrête l'essor du génie en lui coupant les ailes ; il arrête toute émulation en rendant le progrès impossible ; il étreint l'homme et le brise dans son activité ; il lui sèche le cœur en le fermant à tout noble sentiment, à toute fraternité, car il peut s'écrier au milieu de ce troupeau : Mes frères, il n'y a point de frères !

Et l'on s'étonne que notre fille soit muette.

Passons ; mais, chemin faisant, coudoyons et faisons pirouetter cet autre philosophe qui vend gravement ses grains de folie.

CHAPITRE IV.

SECTION PREMIÈRE.

Nous n'avons rien à envier à la Grèce ; elle a eu son Lycophron, inintelligible pour ses concitoyens eux-mêmes. Les Gaules aussi ont leur Lycophron, plus inintelligible encore.

Salus, *honor et argentum et bonum appetitum*, *ô grandos philosophos!* Honneur à vous grand-prêtre, nouveau Calchas, au poil hérissé! Vous apportez à la terre le nouvel évangile des nations, symbole de vérité, recueilli dans la tradition du genre humain; par une inspiration de Dieu, des mystères inconnus nous sont révélés; vous nous fabriquez, enfin, une constitution, fondée sur le principe sacré de la très Sainte Trinité... Terre, prête l'oreille, écoute!... Le sphinx de Saïs lui a parlé à l'oreille; il a eu une vision comme Jacob, et il a vu Wishnou au haut de l'échelle; il a monté avec Mahomet à cheval sur la lune; il a commenté le Ta-Hio-King et le Tchoung-Chou-King, (la fixité dans le milieu), Khoun-Fou-Tseu (Confucius); il a approfondi la Triade des Égyptiens, représentée par Orisis (le père), Isis (la mère), Horus (le fils); il a déchiffré les hiéroglyphes de l'obélisque de Louqsor; il a analysé tous les philosophes anciens et modernes, tous les livres sacrés, le Pentateuque, les Évangiles, les Védas, tous les almanachs qui traitent de la matière; et, le cerveau tout barbouillé, tout farci de mysticisme, il lui est arrivé ce qui est arrivé à ce pauvre Don Quichotte de la Manche, après avoir lu et relu tous les livres de la chevalerie, c'est-à-dire qu'il en est devenu fou; ma foi, le mot est lâché; je le maintiens; qui plus est, je vais le prouver.

En résumant ces grands enseignements, puisés dans une série d'observations fournies par ces révélations successives, son esprit a compris enfin que tout le mouvement révolutionnaire, en Europe, depuis le douzième siècle, a eu pour cause et pour but l'émancipation de la société laïque aspirant au sacerdoce.

Je vous avoue pour mon compte, que je n'ai jamais aspiré au sacerdoce; et vous?...

SECTION II.

Or donc, il arrive à cette première formule : « La société de l'avenir sera à la fois pape et empereur. »

Que ne le disiez-vous?

Qui ne voit dans cet aveu le diagnostic frappant de la maladie que je viens de signaler?

S'imaginer être pape !... A Bicêtre, j'ai connu un fou qui se croyait évêque; il n'était pas parvenu au paroxysme... pardon, je veux dire à la supériorité de celui qui m'occupe ici.

Puis ensuite il arrive à cette seconde formule : « Dans la société de l'avenir chaque homme sera à la fois pape et empereur. »

Ce qui signifie que Dieu dira pour la seconde fois à son nouveau représentant sur la terre : « Pierre, sur cette pierre, je bâtirai mon église. »

Ce qui signifie encore, comme le dit notre philosophe lui-même :

« Que nous sommes tous égaux, tous frères, tous aptes « à toutes fonctions, tous guerriers au besoin, tous mem- « bres de l'Église, tous citoyens, tous prêtres. »

Pierre peut assurément dire à Jean, qui ouvre de grands yeux : Est-ce clair ?

Voilà la doctrine de l'homme, voilà la religion nationale dont on nous menace, si nous ne sommes pas sages ; voilà le culte universel, la religion qui doit faire le bonheur du genre humain, la religion sans théocratie.

Avez-vous bien compris tout ce fatras? Qui ne voit que les lauriers de La Réveillère-Lepeaux empêchent ce nouvel apôtre de dormir? Sa religion est à peu près la secte religieuse des théophilanthropes qui a eu tant de succès.....

pendant quinze jours, et qui disparut avec la fête de la Raison.

Cet esprit extatique, descendu des hauteurs sublimes du firmament, traversant la région sublunaire, a daigné s'occuper aussi des choses terrestres : il a forgé une constitution ; oui, une constitution, une machine, si vous voulez, d'une force assez puissante pour faire à elle seule le bonheur de la France et de ses colonies.

La voici, cette ancre de salut ; son génie affectionne le nombre trois ; le nombre impair plaît aux dieux ; le nombre trois est cabalistique et mystique à la fois. Rien n'est plus ingénieux, rien n'est plus grave, rien n'est plus piquant que cette application à une constitution populaire ; c'est même charmant et récréatif. Je vais essayer de vous en donner une idée.

SECTION III.

Et d'abord tracez des lignes horizontales, dans la proportion de 3, 9, 27 ; abaissez trois perpendiculaires qui coupent ces lignes en portions égales; vous avez une multitude de cases qui présentent un coup d'œil fort agréable ; vous décorez cela d'un beau titre en lettres majuscules ; et après, dans les premières cases, vous inscrivez successivement les aphorismes, apophthegmes, charades et logogriphes qui suivent.

Comme ceci :

Dieu. L'homme individu. L'homme citoyen.

Intelligence. Liberté.	Amour. Égalité.	Activité. Fraternité.	DIEU. Triangle mystérieux. Jéhova.
Sensation.	Sentiment.	Connaissance.	L'homme individu.
Propriété.	Famille.	Patrie.	L'homme citoyen.
Industrie.	Art.	Science.	Milieu social.
Chacun et tous.	A chacun. A tous.	Pour chacun. Pour tous.	Souveraineté.

Suivent les neuf droits de l'homme et du citoyen.
Suivent les neuf devoirs de l'homme et du citoyen.
Ensuite :

Organisation de l'État.

Corps judiciaire ou scientifique.	Corps législatif.	Corps exécutif.	Représentation nationale.
Sciences mathématiques.	Sciences morales.	Sciences naturelles.	Électeurs. Trois catégories principales.
Mathématiciens. Métaphysiciens. Anatomistes.	Physiciens. Moralistes. Médecins.	Chimistes. Économistes. Naturalistes.	Premier groupe. 3 catégories. 3 sections.

Suivent les 2e et 3e groupes, toujours en 3 catégories et 3 sections.

Mais ici je m'insurge; il y a dans cette combinaison à perte de vue une large lacune; il manque une catégorie, la plus importante peut-être de l'état social; il manque totalement la catégorie des bossus, des arlequins et des paillasses, dont l'antichambre, la chambre et le salon abondent sous notre magnifique ciel depuis 1789 jusqu'à 1814, de 1814 à 1830, de 1830 à 1850.

Ce n'est pas fini ; il faut avaler le calice jusqu'à la lie. Nous avons donc encore la :

REPRÉSENTATION NATIONALE.

Corps judiciaire ou scientifique.—3 Chambres.

1re Chambre.	2e Chambre.	3e Chambre.
Mathématiciens.	Architectes.	Ingénieurs.
Métaphysiciens.	Littérateurs.	Banquiers.
Anatomistes.	Artistes dramatiques.	Mécaniciens.

Corps législatif. — 3 Chambres.

1re Chambre.	2e Chambre.	3e Chambre.
Physiciens.	Peintres.	Viateurs.
Moralistes.	Poëtes.	Négociants.
Médecins.	Musiciens.	Manufacturiers.

Corps exécutif. — 3 Chambres.

1re Chambre.	2e Chambre.	3e Chambre.
—	—	—
Chimistes.	Sculpteurs.	Agriculteurs.
Économistes.	Historiens.	Commerçants.
Naturalistes.	Gymnastes.	Usiniers.

Voilà, bien comptées, neuf chambres. Je vous prie de croire que tout cela marchera comme sur des roulettes et qu'on s'entendra à merveille. Il n'y a qu'à en juger par l'échantillon que nous avons le bonheur de posséder.

Avec cette classification ternaire, vous êtes sûrs et certains d'obtenir des élections sincères et pas le moins du monde faussées. Les électeurs seront plus chauds et exerceront leurs droits avec bien plus de conscience en votant par état qu'en votant à volonté; seulement, il se donnera quelques gourmades de plus, si les membres des divers états ne sont pas d'accord sur tel ou tel candidat.

Mais n'allez pas vous aviser de changer en rien cette forme toute mystique et d'y substituer un autre mode, tel que de faire marcher les électeurs par quatre ou en colonne serrée, ou comme la phalange macédonienne; ne faites pas cela, mes amis, je vous en prie, ou malheur vous arrivera; la malédiction de Jéhova tombera sur notre patrie; le ciel s'obscurcira; les nuages s'amoncelleront sur nos têtes; le tonnerre grondera; les vents soulèveront les flots de la mer; et la marée, ce jour-là, montera jusqu'au haut des tours de Notre-Dame.

Ce n'est pas tout encore. Nous ne serions pas complétement heureux si nous ne plantions, dans tous les carrefours, sur les places publiques, dans les rues, sur les boulevards et même chacun devant nos portes, de beaux peupliers élancés : et si, conformément aux mystères des antiques religions, nous n'y ajoutions pas les trois corps ou solides de révolutions : le cylindre, le cône et la sphère.

Ces trois choses forment le sceau de l'État ; ce qui produit un bel effet sur la cire rouge.

SCEAU DE L'ÉTAT.

L'AUTEL : Cylindre au profil cubique.

LE CONE : Profil : triangle équilatéral.

LA SPHÈRE : Sphère rayonnante. Profil : cercle entouré de rayons.

SECTION IV.

Il n'y a guère que quatre mille ans que cela est connu, et vous vous imaginez que tout cela est nouveau. Apprenez que notre grand Pontife a pillé comme un ravageur dans tous les rits maçonniques, avant et après la fondation du temple de Salomon, et que son but unique a été de faire de la France une vaste loge maçonnique. Ce n'est pas un crime.

SECTION V.

Malgré tout mon désir d'en finir, je ne puis me résoudre à passer sous silence la grande pensée qui a fait agir notre sublime mystificateur, et qui se formule en un critérium ébouriffant, plein d'une clarté éblouissante.

Le voici ce grand coquin de critérium :

« Comme le rayon de la lumière est composé de trois

« couleurs, or, argent et pourpre, dont l'unité est en « blanc, l'État est composé de trois corps dont l'unité se « montre dans la gérance nationale.

« Ainsi, les physiciens remarquent qu'il n'y a pas de « phénomène d'électricité sans lumière et sans chaleur; « pas de lumière sans chaleur et sans électricité; pas de « chaleur sans électricité et sans lumière. » Eh! vive la triade! en voilà un physicien! »

Réunissez toutes les académies de notre jeune République, avec l'aide de M. Hasenfeld, de la place de la Bourse, traducteur de toutes les langues vivantes; et demandez-leur l'explication de l'énigme de ce nouveau sphinx. Et l'on nous dit que nous sommes le peuple le plus spirituel de la terre! Quand un peuple se laisse endormir avec de pareilles sornettes, il mérite bien qu'on l'appelle un peuple d'imbéciles.

Et vous êtes étonné que notre fille soit muette!

SECTION VI.

Je passe sous silence le circulus, parce que mon esprit est rebelle à le comprendre, et qu'il ne peut pas croire à la dégénérescence de l'esprit humain, à cet abaissement où l'on rencontre immédiatement la bête brute.

C'est le cynisme de Diogène au troisième degré.

Je m'abstiens également de parler de la renaissance dans l'humanité, ou de la métempsycose, par la raison que je ne puis m'imaginer qu'un philosophe qui vit juste au milieu du dix-neuvième siècle ait la faiblesse de se proclamer sérieusement la queue de Pythagore.

Je sens que j'ai entrepris une rude tâche; il me reste encore d'autres travaux à accomplir; que n'ai-je, comme Philoctète, hérité des flèches d'Hercule! Avec quel transport j'en armerais mon bras pour combattre tous les monstres qui infestent notre terre !...

Le serpent Python fut engendré du limon déposé par les eaux, après le déluge. De la vase, laissée par les flots, après la plus horrible tempête que jamais le peuple ait essuyée, a surgi tout à coup un être difforme, à trois têtes, pareil à ce fameux Géryon qui tomba sous les coups d'Alcide.

Mais la massue, pas plus que le canon, n'est un argument. Essayons de combattre ce nouvel ennemi avec l'arme de la raison.

CHAPITRE V.

SECTION PREMIÈRE.

Trois têtes se dressent menaçantes devant moi ; leurs hurlements ont porté l'épouvante autour d'elles ; leurs cris sinistres ont agité les populations. L'effroi d'un côté, les désirs immodérés de l'autre, ont rompu tous les liens qui unissaient naguère les membres de la grande famille. Mais le danger n'est jamais aussi grand que la peur se le représente : il suffit de savoir le regarder en face et de ne point rompre d'une semelle. C'est alors qu'il diminue ou qu'il s'évanouit.

Au front de chacune de ces têtes, sur une bandelette de feu, sont inscrits des mots mystérieux dont l'aspect seul trouble certains esprits, comme jadis les oracles de la Pythonisse portaient la terreur dans les âmes.

Sur le front de la première tête est inscrit : « La propriété, c'est le vol ! » Sur le front de la seconde tête est inscrit : « Capital, crédit gratuit ! » Sur le front de la troisième tête est écrit : « Dieu, c'est le mal ! »

SECTION II.

La propriété, c'est le vol !

Misère, lâcheté, méchanceté ! Il faut être bien malheureux, bien misérable, il faut être bien lâche, il faut être bien méchant, sans honneur et sans probité, pour que de telles paroles puissent sortir de la poitrine d'un homme.

Et d'abord mes paroles ne sont pas suspectes ; je ne possède rien, je ne suis qu'un prolétaire. Ce n'est donc pas M. Josse qui parle.

Loin de moi toute fantasmagorie de rhétorique, tout étalage scientifique et philosophique ; laissons cela aux l'Intimé et aux Petit-Jean ; abordons la question.

Je considère l'homme dans trois états différents : l'état sauvage, l'état nomade, l'état civilisé.

Dans l'état sauvage, un coup de poing entre les deux yeux, un coup de bâton à la façon de Caïn, et aujourd'hui un bon coup de fusil dans le milieu du ventre, comme dit la démagogie pacifique, constituent la propriété. C'est la belle image de l'État-anarchie ; c'est la belle image de la liberté illimitée, dont quelques-uns, charmés de la beauté de ses fleurs, voudraient nous faire goûter les fruits. Là, assurément, la terre est à tout le monde, et l'on voit à quel prix elle vous nourrit. Dans l'état sauvage, les plus coquins sont les maîtres, comme en révolution l'autorité appartient au plus scélérat, disait Danton. Mais là, on ne se dispute pas même pour être propriétaire du sol, on se dispute pour la possession d'un gland ; la terre, on la foule sans envie, et, comme elle est à tout le monde, personne n'y prétend; on la délaisse. Vous voyez que rien n'indique que l'on puisse craindre une revendication.

Je n'irai point perdre mon temps à réfuter un tas de subtilités d'esprit, j'attaque de front l'idée principale.

Quand on dit : La propriété, c'est le vol, cette pensée implique qu'il existe un maître antérieur; car on ne vole que quiconque possède; on ne vole qu'à celui qui peut dire : ceci est à moi, c'est mon bien, c'est ma chose. Mais là où tout cela n'existe pas, vous ne pouvez pas dire, si je repose ma tête sur une portion de terre et que je m'y fixe, que je sois un voleur. C'est à moi de m'y maintenir.

Dans ce cas, dire : la propriété, c'est le vol, est une idée qui manque totalement de sens ; c'est une absurdité.

SECTION III.

Dans l'état nomade où l'homme vit du lait de ses brebis, où il se couvre de la peau de ses moutons, il ne pense même pas à se rendre maître de la terre, maître définitif du sol ; il conduit ses troupeaux en les chassant devant lui, s'arrêtant lorsque le pâturage paraît leur convenir, s'éloignant, errant à l'aventure et laissant derrière lui la terre qu'il abandonne au premier venu.

Mais, fatigué d'errer, s'il lui prend fantaisie de se fixer, s'il déchire le sein de la terre, s'il l'ensemence, dites, admettez-vous qu'il doit récolter ? Y aurait-il, par hasard, des êtres, venus tout exprès au monde, pour travailler à se procurer des fruits, lesquels seraient destinés à être dévorés par des lâches ou des paresseux ? Non, certes; alors, s'il récolte une fois, il peut donc récolter deux fois, dix fois, indéfiniment. Comment donc cela s'appelle-t-il ?

Haussant les épaules avec un profond dédain, vous allez me dire : La terre est à tout le monde, et votre nomade n'est qu'usufruitier. Vraiment ! expliquons-nous.

Voyons, grand docteur ? Qu'est-ce que l'usufruit? L'usufruit est la jouissance des fruits. Il n'y a pas d'autre définition. Comme *virtus dormitiva* de l'opium *facit dormire*. L'usufruit est donc la jouissance des fruits qui appartiennent à un autre, n'importe sous quelle forme. L'usufruit est légal par la loi, conventionnel par la volonté de l'homme. En outre, l'usufruit oblige à la restitution. Où trouvez-vous ici à faire l'application de toutes les clauses qu'il impose? Où est la loi ? où est, pour parler votre langue, le voleur qui m'en a investi ? A qui dois-je restituer ? A la rigueur, je dois restituer la chose telle qu'elle est tombée en mes mains. Là où j'ai semé, je laisse revenir les ronces et les chardons que j'ai arrachés, et que je vous laisse à arracher ou à manger.

D'autre part, si la terre est à tout le monde, j'ai droit à ma portion afférente ; c'est incontestable ; ou nous devons en jouir par indivis ; vous tombez alors dans le communisme, qui est pour vous une puanteur, comme vous le dites noblement.

Voilà un argument cornu qu'il vous sera difficile de parer ! Évidemment je suis trois et quatre fois propriétaire, à votre nez et à votre barbe.

Il faut avec vous avoir quatre fois raison ; c'est que vous êtes passablement rebelle, et vous vous cramponnez à votre idée, surtout quand c'est une idée comme il n'en paraît pas de semblable dans l'espace de mille ans. Cela flatte, cela donne de l'orgueil, et rien n'est têtu comme l'orgueil.

Je ne sais si ces raisons vous paraîtront satisfaisantes. En faut-il une autre ? Avec vous, il n'y en a jamais de trop.

Je suis jeté par la tempête dans une île déserte, etc. Lisez, je vous prie, *Robinson Crusoé*. Là, je sème, je récolte pour moi. Survient Vendredi ; nous semons, nous récoltons pour nous deux ; vient un Samedi, nous semons, nous récoltons pour trois ; Dimanche m'amène sa femme et sa fille, nous semons, nous récoltons pour tous. J'épouse la fille, j'ai des enfants ; nous semons et nous récoltons pour la colonie. Vous avez sans doute suivi la gradation. Me voilà à la tête d'un domaine. J'ai habitation, granges, étables, bœufs, vaches, moutons, etc. J'ai trouvé tout cela dans l'île. Je suis là depuis dix ans, semant et récoltant. Un beau jour, jeté, comme moi, par la tempête, il m'arrive un Lundi. Charitablement, je l'accueille. Suivez bien mon raisonnement ; il est aussi clair que bonjour. Je l'aide ; il faut toujours aider, quand on le peut. N'oubliez pas, je vous prie, que je l'aide. Cela reviendra plus tard. Croyez-vous qu'après l'avoir réchauffé dans mon sein, il viendra me dire : Ote-toi de là que je m'y mette. Je te dépouille, parce que tu es un voleur ; tu m'as volé. La terre est à tout le monde. Il est évident que tu as pris ce qui ne t'appartenait pas ; en te dépouillant, je punis un criminel, et c'est moi qui suis l'honnête homme? Quel est l'homme, hormis vous, qui osera tenir un semblable langage? Je le demande au premier ouvrier du faubourg Saint-Antoine.

Au contraire, Lundi s'empressera de semer, à notre exemple, pour récolter et se gardera bien de toucher à la terre remuée par moi, lorsqu'à côté elle s'offre à ses bras. Naturellement, il sent naître en lui le sentiment du respect de la propriété. Survient un Mardi qui en fait autant, et successivement jusqu'à la fin de la semaine, et puis encore.

Nous voilà donc tous bien et dûment propriétaires, sans conteste, possédant d'une manière aussi sacrée que le trisagion est saint.

SECTION IV.

Mais, direz-vous, il me faut de la terre; il m'en faut absolument; j'en veux pour moi et pour ces pauvres diables à qui j'en ai promis et qui en demandent; c'est un droit. Rien de mieux. Personne ne s'y oppose. Soyez persuadé que la terre ne manque pas. Dieu a pourvu à tout; et ce Dieu, que vous méconnaissez, comme il fait luire le soleil pour tout le monde, a donné de la terre assez pour tout le monde; il s'agit seulement pour vous d'aller à la recherche de cette terre. Il serait, ma foi, par trop commode que vous vinssiez me chasser de mon toit pour l'occuper à ma place; de quel droit? à moins que ce ne soit avec le knout des Cosaques. Quoi! vous oseriez vous emparer de ce champ que mon aïeul a bêché; quoi! vous oseriez vous emparer de ces vignobles que mon grand-père à plantés! Là, au pied de cette colline, son corps repose en paix, ombragé par la croix qui s'élève sur sa tombe. Quoi! vous oseriez m'arracher à ce verger que mon vieux père soigne encore, malgré ses quatre-vingts ans, et dont les mains ont remis dans les miennes cette bêche comme un sceptre, à moi fort et vigoureux! Mais ma propriété s'étend trop loin, les bornes de mon héritage ont un écart démesuré. Il suffirait à cinq familles... Songez qu'il y a quelques siècles, là où s'étale une riche végétation, la terre était inculte et ne profitait à personne; songez que jadis, pères, mères, enfants, formant cinq familles, y vivaient en travaillant; songez que j'ai de l'avenir, et que cinq familles pourront bien y vivre avec le temps. Je tiens par tradition qu'un aïeul était venu s'établir en cet endroit, obligé de fuir la terre natale, parce qu'elle ne suffisait plus à la nourriture de ses habitants. C'est ainsi que, par des émigrations, des villes se sont élevées, des empires se sont formés. Quoi ! vous voulez vous emparer de mon bien ! et quand vous en serez les maîtres, faudra-t-il que moi et mes enfants nous allions chercher de la terre loin de celle que mon travail a fécondée? Marche donc, lâche; va, paresseux, marche, marche encore; va plutôt vers le pôle, va plutôt sous l'équateur, parcours l'Afrique, l'Asie, l'Amérique; va, marche donc, tu trouveras plus de terre que tu n'en pourras remuer pour tes besoins.

Dieu a pourvu à tout, te dis-je; dans mille endroits la terre te présente son sein pour que tu le creuses, si tu es véritablement un travailleur; et tu deviendras comme moi; et tu deviendras comme Robinson Crusoé; tu auras un domaine; tu peux être le fondateur d'une ville, d'un royaume. Ah ! si jamais tu possèdes un champ que tu auras arrosé de tes sueurs, que tu auras bien peigné, bien biné, bien sarclé, fût-il grand comme le carré de ton mouchoir, tu verras comme tu seras disposé à en faire le sacrifice au communisme, au phalanstère, à l'association, aux partageux, à l'État, aux dieux infernaux, imbécile !

SECTION V.

Si l'homme, dans l'état sauvage, est maître ou ne l'est pas, à sa volonté; si l'homme, dans l'état nomade, possède temporairement, même indéfiniment, l'homme, dans l'état de civilisation, trouve une garantie qui le rassure. La loi lui rive sa propriété; elle est sacrée aux yeux des hommes. Et vous, démolisseurs insensés, vous voulez la polluer, la partager, la disperser, la lui ravir ! En quelques mains qu'elle passe, soyez persuadés qu'elle ne produira pas la moitié de ce qu'elle produit. Vous sèmerez, mais vous ne récolterez que la disette.

Pourquoi? Le crime l'a fait naître, le crime peut le

déposséder. Sa conscience bourrelée lui ôtera la moitié de ses forces.

Je vous admire, en vérité, quand je vous entends tous les jours chanter les vertus de nos pères, quand votre bouche impie proclame leur divine sagesse, quand vous élevez jusqu'aux nues leurs sublimes travaux ; oui, sans doute, ils ont droit à notre reconnaissance, pour ce qu'ils ont accompli de digne et de grand. Mais à la grandeur s'est aussi mêlée la barbarie; et le salut de la patrie ne justifiera jamais les crimes. A vous entendre, on serait tenté de croire que c'est par ce côté seul que les héros de 93 sont grands à vos yeux...

Vous n'avez de vénération que pour les démolisseurs et les spoliateurs, puisque vous anathématisez ce que nos pères ont consacré, puisque vous brisez ce qu'ils ont édifié, tandis que vous vous faites gloire de prôner ce qu'ils ont condamné.

O vous, enfants indignes de la grande famille, vous la honte de ces mêmes pères que vous osez glorifier et que vous couvrez d'infamie et de mépris, écoutez ! Voici ce que ces pères ont déclaré dans la Constitution de 1791 :

« Le but de toute association politique est la conservation des droits naturels et imprescriptibles de l'homme. « Ces droits sont la liberté, la propriété, la sûreté et la « résistance à l'oppression. »

Et plus loin :

« La propriété étant un droit inviolable et sacré, nul « ne peut en être privé, etc. »

Dans la Constitution de 1793 :

« Le gouvernement est constitué pour garantir à « l'homme la jouissance de ses droits naturels et im- « prescriptibles.

« Ces droits sont l'égalité, la liberté, la sécurité, la « propriété. »

Et plus loin :

« La sûreté consiste dans la protection accordée par la
« société à chacun de ses membres, pour la conservation
« de sa personne, de ses droits et de ses propriétés. »

Et plus loin :

« Le droit de propriété est celui qui appartient à tout
« citoyen de jouir et de disposer à son gré de ses biens,
« de ses revenus, du fruit de son travail et de son in-
« dustrie. »

Dans la Constitution de l'an III :

« La propriété est le droit de jouir et de disposer de
« ses biens, de ses revenus, du fruit de son travail et de
« son industrie. »

Et plus loin :

« C'est sur le maintien des propriétés que reposent la
« culture des terres, toutes les productions, tout moyen
« de travail et tout l'ordre social. »

Et plus loin :

« Celui qui viole ouvertement les lois se déclare en
« état de guerre avec la société ! »

Et vous osez invoquer nos pères !

Allez ; par ces déclarations, nos pères, vos pères vous ont maudits à tout jamais.

Aussi, que savez-vous respecter ? Rien.

A la Chambre, qu'alliez-vous faire le 15 mai ?

Casser le suffrage universel.

Que vouliez-vous faire en juin 1848 ?

Tout briser, la Chambre, le suffrage universel, le gouvernement, la république.

En juin 1849 ?

Envoyer à Cayenne 600 représentants mis hors la loi, rien que ça. Vous n'y allez pas de main morte, ventre-saint-gris !

Et s'il prenait fantaisie à la plaine d'user de représailles et d'envoyer la montagne à Nouka-Hiva, que diriez-vous ?

Et aujourd'hui, vous criez comme des aigles, vous hurlez : la Constitution, le suffrage universel ! Nous voulons la Constitution, nous voulons le suffrage universel ! la Constitution ou la mort ! le suffrage universel ou la mort ! Ah ! charlatans ! ah ! bouffons ! ah ! comédiens ! Et tout cela, parce que vos adversaires, vos antagonistes, comme vous dites, travaillent à faire tout doucement ce que vous vouliez faire brutalement avec la massue. Il ne fallait pas donner l'exemple. Savez-vous ce que cela veut dire ? Que vous n'avez pas plus, les uns et les autres, de patriotisme au ventre, que la tête de la fable du *Renard et du Buste* n'avait de cervelle. Cela veut dire que vous ne valez pas mieux les uns que les autres.

Et votre guerre, en un mot, est la guerre de Marius et de Sylla, avec des gants jaunes. Toute la question est de savoir qui, de l'un ou de l'autre, ira se pavaner dans une loge d'Opéra ; qui, de l'un ou de l'autre, donnera des dîners diplomatiques ; qui, de l'un ou de l'autre, pressera sous le bras un portefeuille de maroquin rouge ou le sac à muscades de Robert-Houdin, parce que, dans notre charmant pays de roulades, de gambades, de vaudevillistes et de chapeaux à la Bibi, ce n'est pâs l'homme qui fait la place, c'est la place qui fait l'homme.

Vous ne direz pas, au moins, que je suis un complaisant flatteur.

Mais je m'écarte, je crois, de mon sujet, et j'oublie que j'ai une autre tête à laver.

Le capital !

SECTION VI.

Comme la propriété fait le capital, et le capital la propriété, il est tout simple, d'après la théorie admise par nos grands novateurs, que le sort de l'un suive le sort de l'autre. Ils sont tous les deux enveloppés dans le même anathème.

Les socialistes, ou, du moins, certains socialistes, les socialistes infirmes en veulent à mort au capital, non à leur capital bien entendu, parce que, ensemble, ils ne possèdent pas quatre sous, mais au capital d'autrui. Cela pourrait bien changer un peu l'état de la question; et quelques esprits malins pourraient naturellement supposer qu'il y a quelque chose là-dessous qui ressemble au renard à qui l'on a coupé la queue. Mais loin de moi cette supposition. Je veux croire ces messieurs tout à fait désintéressés. Donc, quand ils crient : mort au capital ! c'est pour le bien de l'humanité, pour le bien du prolétaire, pour le bien de la patrie, comme Caton ne cessait de répéter, pour le bien de la patrie : *Delenda Carthago!*

Donc, soufflons sur le capital, et qu'il disparaisse comme une ombre chinoise; ou, d'un coup de baguette, faisons-le partir, comme une muscade, chez nos bons amis les Anglais. Comme l'or devient une chimère, faisons-leur ce petit cadeau de deux milliards cinq cents millions dont se compose notre circulation en monnaie d'or de 20 ou de 40 francs, en monnaie d'argent de 5 francs, de 1 franc, de 50 centimes et en gros sous, provenant de la fonte de nos cloches. Et chantons après, avec notre cher Béranger :

Les gueux ! les gueux !
Sont des gens heureux !
Ils s'aiment entr'eux !
Vivent les gueux !

Destruam et ædificabo !

Toute la boutique est enfoncée.

Rassurez-vous; nous allons la relever. Le maître l'a dit :

Je détruirai et je réédifierai.

Tout est rasé. Je reconstruis. Qu'avez-vous à dire ?

Savez-vous, maintenant, ô vous qui m'écoutez, savez-vous ce que le maître, ce grand prestidigitateur, va faire apparaître à vos yeux étonnés ?

Je vous le donne en mille....

Vous en êtes à cent lieues. Cherchez. Vous ne devinez pas ? Vous y mettez de la mauvaise volonté ; car, avec un peu d'aide, vous y arriverez certainement.

Eh bien ! mais non.

Vous ne le croirez pas. Vous allez dire que je me moque de vous ; que c'est une plaisanterie de ma façon ; que je tourne en ridicule les choses les plus sérieuses ; que je ne crois à rien ; que je suis un sceptique ; que mon âme est fermée à la science esthétique ; et que cependant il s'agit ici du bonheur de l'humanité entière et des quadrupèdes aussi ; enfin, que sais-je ? la terre même, au lieu de tourner, comme l'entendait Galilée, doit désormais tourner sur le pôle antarctique, comme une toupie d'Allemagne. Non, non, je suis loin de plaisanter, et la chose est vraie. Je n'invente pas, et voici l'expédient.

Le maître, après avoir anéanti le vieux capital, vous en redonne un autre ! Pas possible ! un nouveau capital ! Un capital, oui, un capital ! On ne peut donc pas vivre sans capital ? Expliquez-moi vite cela ? Je suis curieux d'apprendre... Je suis l'ennemi du capital, sur parole, et je serai le premier à siffler mon patron, s'il faut qu'il revienne au capital pour se tirer d'affaire. On vous a tout escamoté. Vous n'avez plus rien, ni dans les mains ni dans les poches. Il faut vivre cependant. C'est la première loi ; pour cela, il faut travailler. Je vous dirai comment on vous en fournira les moyens ; ceci est le grand secret du maître qui doit savoir que, pour faire un civet de lièvre, il faut d'abord avoir un lièvre. Vous travaillez ; en travaillant, vous produisez. Si vous avez là les ouvrages, les lettres et toute la Babel scientifique du grand économiste, vous saurez que le produit est une des définitions du capital. Une accumulation de produits forme un capital; une montagne de produits forme un gentil capital; n'est-ce pas cela? Sans doute, c'est clair. C'est donc un capital que nous retrouvons. Quelle différence y a-t-il entre un capital-argent, qui court après le produit, et le capital-produit qui est tout trouvé? C'est toujours un capital. Comment va donc se former cette montagne de produits? Par les mains des travailleurs. Il n'y a plus d'oisifs, plus d'exploiteurs d'hommes; tout le monde se met à la besogne; nous sommes donc 36 millions de travailleurs. Vous comprenez que cela marche rudement; nous produisons. Ah! dame, faut voir! Où va-t-on nicher cette masse de produits? Demandez au vicaire du dieu du Luxembourg. A Paris, on convertit tous les boulevards, depuis la place de la Bastille jusqu'à la place de la Concorde, les quais, les grands monuments, les Tuileries, le Louvre, Notre-Dame, que sais-je? on convertit donc tout cela en vastes hangars, où tous les produits seront rangés, classés, étiquetés; c'est bien pour les produits! Mais, pour reproduire, il faut aussi que je mange. Attendez, notre grand génie a pourvu à tout. Notre argent a passé la Manche; nous le remplaçons; pas n'est besoin d'aller en Californie; nous allons simplement rue Vieille-du-Temple, au Marais, à l'imprimerie de la République. Ce ne sont plus les Cyclopes de l'hôtel de la Monnaie, lançant le balancier pour frapper la pépite d'or extraite de sa gangue. Ce sont des lithographes, aux bras nus, au casque de papier mécanique, qui font manœuvrer des presses à la vapeur d'où coulent les écus, comme l'eau coule de la fontaine des Innocents. On ramasse tous ces écus, on les étend sur une table et on les coupe avec des ciseaux par petits carrés. Chaque petit carré représente une somme. Vous avez aussi des pièces de cent sous en carton et même en caoutchouc. Elles portent l'empreinte indispensable. D'un côté, vous aurez la figure du grand électeur de l'État, à la tête de chérubin, avec des lunettes, encadrée dans un collier d'un blond superbe; de l'autre, vous aurez la représentation de l'objet fabriqué que cette monnaie est destinée à payer à l'ouvrier.

Ainsi, vous aurez dans votre bourse ou dans votre gousset une paire de bottes, ou 20 francs, une paire de souliers, ou 10 francs, une paire de gants, ou 2 francs, un chapeau, ou 15 francs, etc., etc.

Ceux qui recevront des appointements de l'État, les ministres par exemple (on ne peut pas plus se passer de ministres que de chemises), seront payés en cette nouvelle monnaie de singe. On ne dira pas ce ministre a 40 mille francs d'appointements. On dira ce ministre vaut dix mille bottes de foin, ou ce ministre gagne mille boisseaux d'avoine, plus mille paires de guêtres, etc. Et s'il donne un dîner diplomatique, on dira: il s'est mangé à ce dîner cent paires de bottes, une locomotive, cent mètres de rails, cent bottes de paille et cent mesures de son. Tel est l'effet merveilleux de cette nouvelle monnaie. Et maintenant voici la manière de s'en servir à l'égard du producteur : Vous êtes bottier, cordonnier; vous allez au hangar, votre paire de bottes sous le bras; vous vous présentez à l'inspecteur, qui fut jadis un chanteur ou un maître de danse (c'est toujours comme cela sous tous les régimes, quand il faut un financier); vous donnez votre paire de bottes. Combien de temps avez-vous été à faire votre paire de bottes? vous demande-t-il (car il faut vous dire que tout produit est taxé à l'heure, et que, par un décret du gouvernement provisoire, la journée de travail est de dix heures; le reste du temps est pour votre instruction au cabaret ou à la tabagie). — Monsieur l'inspecteur, j'ai été quinze jours. — Quinze jours, pour une paire de bottes des plus ordinaires! — J'ai eu ma femme malade ; elle a donné un ouvrier à la patrie. J'ai emprunté. Il faut vivre. — C'est juste. Or, comme un ouvrier ne peut pas gagner moins de cinq francs par jour, cinquante centimes à l'heure, et c'est un peu mesquin, l'inspecteur, pour quinze jours, vous compte quinze effigies au chérubin et à la botte, c'est-à-dire 75 francs, plus le montant de la matière. Donc 85 francs une mauvaise paire de bottes. Avec les paresseux et les chenapans, l'État fera de bonnes affaires. Mais il y a toujours des compensations. Survient un bon ouvrier, habile travailleur, avec une paire de bottes fines. — Combien de temps avez-vous été à faire ces bottes ? — Deux jours. — Bien. 10 francs en même monnaie, plus la matière. Donc, 25 francs une belle paire de bottes. Et ainsi de suite. Le hangar se garnit ; et après, bienheureux si le diable s'y reconnaît.

Cet ingénieux système a un très grand avantage, c'est qu'avec lui la banqueroute n'est pas à craindre.

Cependant il offre quelques petits inconvénients.

Si, par exemple, comme en 1847, la récolte venait malheureusement à manquer, il faudrait se procurer du blé en pays étranger ; nous enverrions nos navires en Égypte, ce grenier d'abondance de Rome jadis. Il faudrait payer comptant ; comment feraient nos habiles ? Ah ! pardon ! je n'y pensais plus. C'est moi qui suis un nigaud. C'est la chose la plus simple du monde. Nous enverrions au jeune vice-roi, charmant prince qui a été élevé en France, et qui, par reconnaissance, ne se montrerait pas difficile, nous enverrions une cargaison de chaufferettes et de calorifères, et une de nos momies politiques, comme type des anciennes momies égyptiennes dont il ne reste plus vestige en son pays. En échange de quoi, il ne manquerait pas de nous envoyer tous les grains que le Nil fait éclore dans son pays.

Et si, dans un déjeuner d'étiquette, l'ambassadeur d'une grande puissance renversait, par maladresse, sa tasse de chocolat sur la robe de soie ou de bure de la grande électrice, et que la citoyenne grande électrice se fâchât, et que le citoyen grand électeur se fâchât, et que l'ambassadeur se fâchât et que, impatienté, il donnât à celui-ci un soufflet, comme on en sait donner à la Constituante et à la Législative ; la France, si chatouilleuse sur le point d'honneur, chacun le sait, pourrait-elle dévorer un tel affront ? Non, mille fois non. La guerre ! C'est donc la guerre entre deux nations pour une robe tachée. Un milliard est voté. Aussitôt voté, aussitôt fait. Or, il faut remonter la cavalerie. Le Limousin ne peut fournir toute la remonte ; il faut aller en Meklembourg. Comment ferez-vous ? Là, il y a assez de culottes, de chapeaux, de gants, de paletots, etc. Comment ferez-vous ? L'ex-duchesse d'Orléans réclamera à vos envoyés son douaire arriéré ; comment le payerez-vous ? Il est vrai que si tous les payements à faire étaient aussi faciles que celui-là, les affaires de la République seraient excellentes.

Et si, par hasard, dans mon industrie, j'ai acquis une fortune en pays étranger, et que je veuille revenir en France mourir en vue des vieux marronniers des Tuileries, témoins des jeux de mon enfance ! Je suis vieux ; l'or dont j'ai une bonne provision n'est plus que du fumier. Je ne puis rien me procurer avec cet or qui m'a donné tant de peine à amasser pendant quarante ans. Il est honni.

Le gouvernement paternel me propose les vieillards de Bicêtre. Me voilà réduit à l'état de mendiant-millionnaire. Oh ! charmant pays, et charitable ! Je retourne en Amérique.

C'est incompréhensible tous les avantages que ce sublime système renferme dans ses flancs ! La France devient infailliblement le véritable Eldorado. Qu'est-ce que la poule au pot de Henri IV ? le pâté d'anguilles du bon La Fontaine ? les houris du bon Mahomet ? Nous serons comme dans l'île des Plaisirs, où le lait jaillit en bavaroises des fontaines, où les murs des maisons sont en sucre, où les pavés des rues sont en pain d'épice, où les arbres portent des oranges glacées, des gimblettes et des cornets de pastilles de chocolat. Au lieu d'aller chercher les houris dans l'autre monde, la femme libre, enfin trouvée, vient à nous.

Tout cela n'est qu'un faible échantillon de la banque d'échange, de la banque du peuple, de la banque nationale. Le diable veuille qu'elle fonctionne. Vous en verrez de belles !... Je voudrais voir à l'œuvre ces gentils républicains, ces incorruptibles ! Le Directoire serait bientôt dépassé. Et n'avons-nous pas vu déjà une Cotillon II, la cigarette à la bouche, dicter des ordres aux proconsuls de la comédie ? Ah ! vous verriez bientôt vos hangars s'éclaircir et ces nouveaux pantagruélistes vous dévorer vos chemises, vos rideaux, vos matelas, vos blouses, vos casquettes, et les mettre en fricassée et avaler ensuite les casseroles. Absolument comme à l'association fraternelle des cuisiniers dont les gérants ont si souvent trempé les doigts dans la sauce, qu'il a fallu fermer boutique. Ah ! le temps des orgies à la Grand-Vaux serait bientôt revenu ! Savez-vous ce que c'est qu'un Grand-Vaux ? Allez demander place Saint-Georges et à l'ancien propriétaire des bains sur la Seine.

Voilà les fruits que nous promet ce nouvel État avec ce nouveau capital.

A propos de capital, tout n'a pas encore été dit ; on en a dit pourtant terriblement depuis deux ans ; mais loin d'éclaircir la question, ceux qui s'en sont occupés n'ont fait que l'embrouiller. Ce qui le prouve, c'est que, depuis qu'on s'en occupe, on en est encore à le définir, et il n'y a pas longtemps qu'un journal a publié une douzaine de lettres sur ce chapitre, dans lesquelles deux athlètes se sont escrimés, à l'envi l'un de l'autre, sans pouvoir s'entendre, malgré le bon sens de l'un et la logique synthétique, mathématique et même un peu trop phlogistique de l'autre; de sorte que tous les deux sont restés sur le carreau, tout meurtris, sans pouls et sans haleine.

SECTION VII.

Je viens, moi, pauvre diable, sans connaissances, sans rhétorique, sans arithmétique, me mêler à la discussion. Comme je vous ai parlé jusqu'ici d'une et d'autre chose en paysan du Danube, je viens vous parler cette fois de capital et de crédit, en paysan de la Beauce.

Et d'abord, pour rendre la question claire et nette, il convient de la dégager de tout ce qui peut l'obscurcir; le bon sens veut qu'on opère sur des faits réels et positifs. Ainsi, j'éloigne et j'abandonne tout ce qui est fictif; toute fiction est un abus, quelquefois un vol, souvent un leurre. A cet abus, à ce mal, car c'en est un, il y a un remède: — la loi — la loi faite ou à faire.

Donc, loin de moi le capital fictif; partout le crédit fictif.

Le capital fictif se forme de valeurs imaginaires, hypothéquées sur les brouillards de la Seine, des promesses basées sur le succès d'une entreprise, d'une exploitation qui n'a rien de certain; par le moyen de réclames mensongères, on amorce de pauvres idiots qui, alléchés par un gain extraordinaire, accourent apporter leurs économies dans un sac sans fond.

Un exemple : Les actions de l'asphalte de Seyssel sont ainsi montées de 1,000 à 10,000 francs; aujourd'hui elles valent 300 francs.

Ce tapis vert, cette rouge et noire, c'est le cloaque où barbotent, pataugent et tripotent un tas de spéculateurs et de filous qui n'ont ni sou ni maille. Je vous les abandonne volontiers et je me joins à vous pour les chasser du temple à coups de fouet.

Après cette exécution en forme, je pose la question. Qu'est-ce que le capital? En deux mots, c'est ce qu'on possède, ni plus ni moins; château ou baraque; étalon arabe ou âne galeux; collier de diamants (non celui du prince de Rohan), ou un quarteron d'aiguilles, peu importe. Voilà ce que c'est que le capital. Pas autre chose.

A quoi sert le capital? A manger. Il n'est pas besoin de faire des périphrases; nous acquérons, c'est pour manger et pour jouir.

Et maintenant, permettez-moi de faire une petite parenthèse. Depuis quelque temps, certains braillards se ruent sur le capital comme pour l'avaler et le menacent de recherches; est-ce comme études historiques ou philosophiques, rien de mieux; vous en avez le droit. Il y a, je crois même, un prix Montyon; mais si, de là, vous voulez passer à l'application personnelle, si vous prétendez scruter mon capital, me le contester, halte-là! je vous le défends; je vous ferme ma porte. Si vous passez par la fenêtre, au nom de l'inquisition, si vous persistez, vous êtes des brigands. Cette expédition à la *Cartouche* serait probablement pour arriver à la conciliation.

Je disais donc que le capital a sa destination propre; il peut donc se résumer en ceci: Ouvrez, je vous prie, votre main. J'y mets une poignée de grains de blé. Ces grains de blé représentent tout votre capital. Vous faites la part du fisc; vous faites la part de l'ensemencement; vous faites la part des éventualités. Le reste est votre part. On vous demande crédit, non pas comme la cigale à la fourmi, mais à la condition de rendre le principal. Vous tirez de la part des éventualités. La récolte manque; toutes les parts ont baissé; on ne vous rend rien et vous êtes gêné. La récolte suivante est moins mauvaise; mais on est dans l'impossibilité de vous rendre. La part des éventualités est en souffrance et vous êtes gêné encore; la récolte suivante est bonne; on vous rend votre prêt; il suffit pour combler le déficit du fisc et niveler votre part; mais celle de l'ensemencement souffre; c'est encore une gêne, et cependant, ce même prêt, s'il eût été fait à la terre, eût rapporté infailliblement un intérêt, bon an, mal an; car d'un grain de blé sort un épi qui contient dix, vingt et trente grains.

Il est de la dernière évidence que le capitaliste gardera ses grains de blé plutôt que de courir les chances d'un contrat aléatoire.

Si le capital ne doit pas porter intérêt, le travailleur, l'ouvrier, n'a rien à exiger de son travail; car que fait le travail? Il produit un salaire. Le salaire est l'intérêt du temps. Le temps, le travail, le talent sont des capitaux, il est vrai, mais stériles, si le mouvement ne leur est donné : une poignée de grains de blé les rend seuls productifs.

Un honnête ouvrier se présente à moi; il ne possède rien; je lui fais un capital. Avec ce capital, il gagne, il vit, et moi j'ai mon capital qu'on veut forcer à ne rien produire, à ne rien gagner ! Que je garde mon capital, cet honnête ouvrier meurt. Le capital est l'agent le plus actif, le levier le plus puissant du travail. En voulant l'anéantir, vous tuez l'agent, vous brisez le levier et vous rendez tout travail impossible. Tout en vous proclamant les défenseurs des ouvriers, vous en êtes les plus grands ennemis.

Non, toute votre fantasmagorie n'est pas sérieuse; toutes vos idées sont si peu étudiées, sont si peu profondes, que je les crois lancées comme un bouquet de fusées dans les airs. Il en est qui éblouissent, semblables à celles d'un feu d'artifice; il en est de plus redoutables que celles à la Congrève. L'auteur est le premier à en rire dans sa barbe. Ainsi, dans cette question de crédit gratuit, je ne serais pas éloigné de croire que le facétieux Chrysophobe, dans un moment de goguette, ait fait un pari avec sa ménagère Laforêt, afin de s'épargner la peine de lui donner de l'argent pour chauffer sa cuisine.

Tous vos projets sont charmants, empreints d'une mansuétude admirable et surtout d'une sollicitude pour les ouvriers, vos idoles, qui fait honneur à votre cœur paternel. Ainsi, sous prétexte de vol, vous vous emparez de la propriété pour engratifier, qui? l'État. Alors c'est l'Etat qui devient un voleur; après, vous anéantissez le capital, c'est-à-dire que vous coupez les vivres à ceux qui possèdent, pour nous rationner, fainéants ou intrigants; après ces exploits, bien dignes des lazaroni ou des gauchos de Rosas, vous décrétez le crédit gratuit, moyen certain d'encourager l'usure, bien plus qu'elle ne règne aujourd'hui sous l'empire de la loi. Après, comme passe-temps, vous voulez faire un auto-da-fé du grand-livre de l'État, et autour de ce feu de joie exécuter la danse macabre. Vous n'oublierez pas d'y convier tous ceux des ouvriers et autres qui, chaque semaine, portent leurs économies aux caisses d'épargne, économies converties en rente. Ce n'est que trois ou quatre cent mille frères. Bagatelle! Périssent nos colonies plutôt qu'un principe! mot charmant de nos pères, qu'il faut ressusciter.

Vous oubliez sans doute que le grand-livre, dans ses longues colonnes, additionne plus de gros sous que d'or.

Je comprends que l'intérêt, quelque élevé qu'il soit, de 6, 5, 4, 3 pour cent, descende à 2, 1, 2/3, 1/2, 1/10, 1/100 pour cent, si vous voulez. Toutes les valeurs subiront nécessairement cette progression décroissante; qu'y aurait-il de changé? Mais vous ne descendrez pas à zéro. A zéro, c'est l'anéantissement des valeurs mobilières et immobilières; c'est l'anéantissement de la société. A zéro, le thermomètre marque glace.

Supposons que nous arrivions à cette limite; pensez-vous que la fourmi se contentera d'un grand salut de la cigale, ainsi que d'un grand merci? Dieu vous rendra l'intérêt dans le ciel. Quant au principal, comptez-y. Quand? je ne sais.

Pensez-vous que je prêterai ma bêche, pour qu'on me la rende à moitié usée?

L'emprunteur sera indubitablement jugulé.

Quelle perspicacité! et que vous allez bien au fond des choses!

Quel enchaînement merveilleux! comme tout se coordonne, obéit à un principe dominant, et que les conséquences en découlent naturellement! Ah! messeigneurs, on peut dire de vous que vous y allez comme des corneilles qui abattent des noix.

Je vous en fais mon compliment et vous remercie au nom des ouvriers.

Au demeurant, si je mets quelque chaleur à défendre capital et propriété, n'allez pas croire, je vous prie, que je prêche pour ma paroisse. Je n'ai de dieux lares que les dieux lares de mon propriétaire; je ne connais de dieu Terme que le terme que je paye à mon propriétaire. Tout mon capital, toute ma propriété, consiste dans ma plume métallique qui m'a produit, depuis que je badigeonne, barbouille et laboure du papier, la somme de cinquante francs! Je m'abstiendrai de dire pour quel ouvrage, de peur que l'on ne m'accuse de faire de la réclame. Je suis donc parfaitement désintéressé dans la question.

Mais, il en est une autre à laquelle je suis vivement intéressé comme père de famille, comme homme et comme chrétien... j'avoue ma faiblesse.

J'ose descendre dans une nouvelle arène, plein de l'esprit de Dieu. Dieu, que j'invoque, soutiendra mon courage et me donnera des armes pour le venger..

Malgré les serpents qui sifflent sur cette nouvelle tête, dont la bouche, écumante de rage, jette au ciel le blasphème, je m'avance sous l'égide de Minerve, pour combattre le monstre.

SECTION VIII.

Dieu, c'est le mal!

Je suis loin de chercher à renouveler les combats théologiques du dix-septième siècle, sans compter ceux du moyen âge. Je suis loin même de vouloir reprendre la suite de la dispute d'Arnauld et de Malebranche, contre leurs ennemis, sur la grâce; elle ne descendrait pas dans une âme impure.

Je ne viens pas non plus, dans un excès de zèle ascétique, prouver, par les grands phénomènes de la nature, ainsi que par l'admirable harmonie de l'univers, qu'il y a un Dieu.

Que pourrais-je dire après Bossuet, Fénelon? après Chrysostôme, après le Testament? De quel poids serait mon autorité?

Qu'est-ce que le mal? Comment nous apparaît le mal? comment pouvons-nous juger le mal? Il y a un sentiment, inné dans l'homme, que les théologiens appellent syndérèse, qui, par un mouvement mystérieux de conscience, porte l'âme à fuir le mal et à suivre le bien.

Or, on ne peut juger du mal qu'après avoir apprécié le bien; si le bien n'existait pas, le mal n'existerait pas.

Nous connaissons la nuit parce que nous connaissons la lumière.

Si le mal existe, c'est que le bien existe aussi.

S'il y a un dieu du mal, il y a un donc un dieu du bien.

La langue a tourné dans la bouche de notre philosophe, et le grand logicien, sans s'en apercevoir, comme tous les mauvais raisonneurs, a fait une lourde catachrèse, soit dit par parenthèse.

Dans l'impatient désir de dire, pour la troisième fois, un mot qu'on ne dit pas tous les mille ans, il a dit, à son insu, une chose qui se retrouve chez tous les peuples, même les plus sauvages. Il n'est pas un peuple qui ne reconnaisse un dieu ou un génie du bien, un dieu ou un génie du mal.

Au reste, notre philosophe se trompe ou veut tromper son monde en s'attribuant, par le vol, cette pensée perverse. Il y a environ mille ans, et j'en suis fâché pour lui, que cette doctrine de — Dieu, c'est le mal, — a été professée par une secte impie, appelée les *supralapsaires*, qui s'était déclarée l'ennemie des manichéens, par jalousie de métier sans doute.

Un esprit malade, ou atteint de folie, pouvait seul livrer l'humanité à Arihmane, principe du mal, et la déposséder de l'influence d'Oromaze, principe du bien.

Au moins l'auteur de *la Triade*, malade aussi à son tour, s'est fabriqué un dieu, tout drôle qu'il est.

Dès l'instant qu'on s'occupe de grandes choses dont l'importance intéresse l'humanité, quand on écrit, écrit, écrit, quand on compile, compile, compile, aussitôt on se pare du titre de philosophe, tandis qu'on n'est véritablement qu'un écrivassier. Il ne suffit pas d'avoir un système biscornu, extravagant, atroce, pour se croire philosophe ; avant tout, il faut interroger sa conscience, et, recueilli, la main sur le cœur, animé d'un sentiment de justice et d'amour, se demander : Ce que j'ai conçu est-il bon, est-il utile à l'humanité?

Or, que gagne l'humanité à ce qu'il n'y ait pas de Dieu, à ce que Dieu soit le mal? L'humanité n'a rien à y gagner ; au contraire, elle a tout à y perdre.

Vous n'êtes pas un philosophe ; vous n'êtes qu'un sophiste.

L'athéisme n'a pas fait un seul grand homme.

Quand vous vous serez bien pénétré de cette vérité, vous vous hâterez de chercher de la renommée ailleurs.

Le véritable athée n'a jamais existé. Le plus avancé dans le doute de la Divinité n'a jamais osé franchir le pas redoutable ; il a toujours tremblé, il a eu peur ; arrivé à la limite où commence l'abîme, le cœur lui a manqué à ce moment suprême.

Les Pyrrhoniens, cette secte de douteurs, ne niaient rien et n'affirmaient rien.

Spinosa, qu'on a très-mal jugé, tout en modifiant l'essence de la Divinité, reconnaît un Dieu.

Protagoras, le crocheteur, doutait qu'il y eût des dieux ; disciple de Démocrite, incapable d'apprécier sa philosophie, livré aux habitudes grossières de son état, il n'adopta de la doctrine de son maître que ce qu'elle avait de mauvais, négligeant ce qui pouvait la relever. Démocrite, tout étant atomistique ou matérialiste, ne séparait pas, néanmoins, Dieu de la matière.

Où trouvez-vous l'athée ?

Le sauvage du coin du monde le plus reculé a des fétiches qu'il adore ; il n'osera jamais les détruire.

Et quand Ajax dit, dans sa colère, au moment d'un grand danger : « J'y échapperai, malgré les dieux, » il blasphème, mais il ne renie pas les dieux.

Un homme a dit : Dieu, c'est le mal !

Ah ! si un pareil homme eût osé se produire dans les temps antiques, un Hiéron l'eût envoyé aux carrières, Athènes l'eût jeté au fond du barathre, Rome l'eût traîné aux gémonies.

Et, en France, cet homme a pu être appelé pour coopérer à faire les lois d'un grand peuple et pour veiller à sa gloire !

Salut ! Robespierre, Marat, Danton ! Salut ! réveillez-vous du sommeil éternel ! Secouez la poussière des tombeaux ; spectres terribles, redressez-vous! accourez, enveloppés dans vos linceuls encore couverts du sang de tant de victimes ; apparaissez à cet homme, et reculez d'horreur.

Vous reconnûtes un jour la nécessité d'un Être suprême.

En France, qu'un homme tire sur le chef de l'État, grand fracas! Juges, en robes rouges ou noires, en manteaux brodés, pompe extraordinaire ! Le scélérat, en gants jaunes, cravate blanche, habit noir, apparaît fier et radieux au milieu de ce spectacle ; il semble triompher. Il est flatté de la curiosité qu'il cause, de l'émotion qu'il produit.

En Angleterre, nation positive et qui pense, un misérable qui tire sur le roi est considéré comme fou ; il est enfermé à Bedlam et tout est dit.

En France, si le premier qui tira sur un roi eût été enfermé à Charenton, il ne se serait pas produit un second régicide.

Eh quoi ! celui qui tire sur un roi est considéré comme fou ; et celui qui tire sur une génération entière, qui renverse sa croyance, démoralise et tue son âme, verrait son crime rester impuni !

Mais, dira-t-on, la liberté le protége, et la loi du sacrilége est morte. La loi ne peut l'atteindre.

A Athènes, un fils qui attentait aux jours de son père n'était point condamné par la loi même. Solon garda le silence sur ce forfait, le jugeant impossible. Mais croit-on que le parricide fût impuni, quoique la loi fût muette?

Je ne suis point un délateur ; je ne suis point un pourvoyeur de Fouquier-Tinville ; mais je le dis hautement : non, procureur de la République, vous ne faites point votre devoir.

Quoi ! la famille est menacée ! quoi ! la propriété est ébranlée ! quoi ! l'idée de Dieu serait sapée dans les cœurs ! quoi ! la jeunesse ne serait plus retenue par aucun frein ! quoi ! la génération présente, se développant sous l'influence délétère de l'athéisme, formerait, dans vingt ans, une société d'antropophages !

Non, je le répète : procureur de la République, vous ne faites pas votre devoir.

Ah ! si j'avais été dictateur ! ah ! si j'étais président ! je le dis sans crainte : j'aurais fait enfermer à Charenton, sans aucune forme de procès, un tel impie, un tel sacrilége, un tel blasphémateur. J'aurais voulu voir quel avocat, pour si hargneux qu'il fût, eût osé prendre sa défense.

Réformateurs, législateurs, philosophes, ô vous qui proclamez avec tant d'enthousiasme la liberté, l'égalité, la fraternité ! parlez ; sur quoi basez-vous ce symbole sublime, dernier terme de la perfectibilité humaine, pour lui donner une sanction inébranlable ?

Sans croyance religieuse, point de société ; sans Dieu, sans société, point de famille. Sans Dieu, sans société, sans famille, point d'État, point de République.

Sans Dieu, l'intelligence est l'obscurité même, la conscience n'est que l'instinct, l'âme est le néant.

La liberté est dans l'intelligence ;

L'égalité est dans la conscience ;

La fraternité est dans l'âme.

L'âme, la conscience, l'intelligence sont d'essence divine.

Que reste-t-il à l'humanité, dépouillée de ces nobles attributs ? Il ne lui reste, pour seule existence, que l'instinct : l'instinct de la conservation, instinct de brute qui lui dit de manger, de boire et de dormir.

Faites avec des brutes une société, une famille, un État sous quelque forme possible.

Et vous êtes étonné que notre fille soit muette !

Et vous êtes étonné que notre fille, la Constitution, soit muette sur tant d'extravagances, sur tant de platitudes, sur tant de bêtises !

Je sais bien que notre jeune fille a besoin d'un traitement orthopédique ; qu'elle a une certaine déviation qui l'empêche de marcher ; mais ce n'est pas à vos mains que je voudrais la confier. Vous l'auriez bientôt estropiée avec votre traitement de cheval.

O Lycurgues ! ô Solons ! ô Numas d'une nouvelle pâte !

A cette occasion, permettez que je vous rapporte un fait historique qui ne manque pas d'un certain à-propos.

Il était un peuple jadis, en Grèce, chez lequel tout citoyen avait le droit d'initiative et pouvait présenter tel système, telle loi qui lui passait par la tête.

Un jour, le peuple fut convoqué solennellement. Un citoyen devait prendre la parole et porter à sa connaissance une constitution générale dont l'excellence assurait à jamais le bonheur de la grande famille. Cette constitution était des mieux coordonnées. La base était le carré de l'hypothénuse ; tout était carré ; l'autel de la patrie était représenté par un cube : notre législateur prétendait que le cube était le corps le plus solide. Tout marchait donc par quatre, au risque de déplaire aux dieux.

Il développa sa constitution toute quadrangulaire, carrément, et sans rire le moins du monde. L'auteur fut sifflé, hué et conspué.

Mais le peuple, qui, sans doute, n'aimait pas à être dérangé de ses travaux pour entendre des balivernes, prit, sans désemparer, une résolution qui fut à l'instant ainsi formulée :

« Ne voulant pas violer la loi qui nous régit, le peuple « locrien décrète qu'à l'avenir tout citoyen qui voudra « présenter une loi à la sanction souveraine, se rendra « sur la place publique une corde au cou. Si la loi n'est « pas reçue avec acclamation, le peuple a le droit de « serrer le nœud de la corde. »

A dater de ce jour, le peuple locrien ne fut plus dérangé de ses travaux ; la tranquillité la plus plus parfaite ne cessa de régner chez lui.

Personne ne fut étranglé.

Le peuple qui, de nos jours, ferait revivre une pareille loi ne serait pas le moins spirituel.

Mais je vois déjà d'ici la mèche s'allumer, et la bombe, s'élançant dans les airs, tomber sur ma tête en éclats de thèses, de synthèses, d'antithèses, d'antinomies, de syllogismes, de métaphores, de rébus; toute la kyrielle de Rabelais, au mariage de Panurge, *cum redoublamentis de fievras socialistas*, et, au bout de cette queue flamboyante, la grande idée cosmique ou comique, rayonnant comme une comète au milieu des brouillards.

Je l'attends tranquillement, avec l'arme de Démocrite.

Des socialistes passons aux anti-socialistes, autre secte d'empiriques qui se croit meilleure, et qui, en vérité, n'est guère plus sage. Elle pense, elle aussi, sauver la société, en cherchant à déplacer l'autorité, et en faisant des lois, toujours des lois d'amour qui ont, il faut en convenir, le mérite d'engendrer la haine.

TROISIÈME PARTIE.

CHAPITRE I.

La chaomachie.

Où est donc l'autorité? Je la cherche. Jusqu'ici, elle n'apparaît pas à nos yeux; elle est sans prestige; elle ne saurait exister là où elle ne peut s'exercer dans sa plénitude. Son empire est donc ailleurs. Quoi! l'autorité n'est-elle pas dans les pouvoirs actuels? Tout beau! un peu plus de modestie. Vous l'avez tuée; elle est morte. Vous y avez tous contribué. Ne cherchez pas à vous disculper; ne vous rejetez pas la faute les uns sur les autres. Si l'un a pris le marteau, l'autre a pris la pioche; enfin, vous l'avez tant et si bien minée des deux côtés, que vous l'avez fait sauter en l'air.

En vain vous cherchez à la relever; il faudrait pour cela remonter à deux cents ans. Le voulez-vous? le pouvez-vous?

Qu'est-ce que l'autorité?

L'autorité, c'est la loi; je dis la loi personnifiée; et quelle que soit son incarnation, cette union solennelle, faite en face de Dieu, sur l'autel de la patrie, doit être sacrée.

Qu'avons-nous vu depuis un demi-siècle?

Le pouvoir, toujours inquiet, n'a cessé d'être mécontent de la part qui lui a été faite. Il n'a pas trouvé qu'il avait les bras assez longs, il a cherché à les étendre. Il a agi comme s'il avait formé avec la démocratie une société léonine. La démocratie ombrageuse s'est permis un avertissement, et lui a donné sur les doigts. Le pouvoir s'est cabré; il a osé porter une main téméraire sur la loi, il s'est atteint dans son essence; l'autorité a chancelé, elle est tombée, elle s'est perdue elle-même; on a voulu, mais en vain, chercher à la faire revivre; on a changé, déplacé, ajusté, raccommodé, graissé, de toutes les manières, les rouages de l'hélice monarchique. On a fait des lois, Dieu sait combien! On a joué au métier de Pénélope. Chacun a fait son lit à sa guise. Voilà pourquoi aussi nous sommes si mal couchés; voilà pourquoi nous nous tournons et retournons comme des malades, afin de trouver une place convenable pour prendre du repos; et le repos nous fuira encore longtemps, parce que l'autorité elle-même n'a pas encore sa place légitime.

Cette question capitale qui, seule, est notre avenir, et nous force aujourd'hui à louvoyer dans une situation équivoque, reviendra plus tard, sous ma plume, dans un autre chapitre.

Cette situation nous a été faite par des maladroits qui ont gâché la plus belle position que Dieu ait donnée à des hommes appelés à recrépir un vieil édifice; par impuissance, ils ont laissé échapper de leurs mains les plus précieux matériaux; des habiles, ou soi-disant tels, s'en sont emparés avec dextérité; reste à savoir comment ils les emploieront. Tous les rusés compères, tous les voltigeurs sont sortis de leur retraite pour pousser à la roue, à l'envi l'un de l'autre; chacun arrive si chargé de ses vieux péchés, que la mer d'airain du temple de Salomon ne suffirait pas à les laver, fût-elle dix fois plus grande.

On rit beaucoup des parrains qui ont tenu la République sur les fonts baptismaux.

Quelle qu'elle soit, elle a une origine connue. Notre monarchie peut-elle en dire autant?

Qui sait quels furent ses parrains ? Je me rappelle qu'en sixième on nous apprenait que les fondateurs de Rome étaient un ramassis de brigands; et en troisième, que ces brigands étaient devenus les fils des dieux, sous la plume du chantre de Mantoue. Qui vous dit que, dans trois cents ans, il n'apparaîtra pas un émule de l'auteur des *Orientales* qui s'essayera à diviniser notre République? Son génie rencontrera moins d'obstacles qu'on ne pourrait le supposer d'abord.

Qui s'opposerait à ce qu'il fît descendre notre ministre de la guerre du dieu Mars ; notre ministre de la justice de Thémis, ou, par ligne collatérale, de Minos ; notre ministre des affaires étrangères d'Apollon ; notre ministre du commerce de Mercure ; notre ministre des travaux publics d'Amphion, notre préfet de police d'Alcide ? et ainsi de suite, jusqu'à faire de nous une race sortant de la cuisse de Jupiter. Cela ne serait pas si difficile à faire accroire à bon nombre de gens.

Mais, vous qui riez si bien des parrains de la République, et qui vous arrogez le droit de lui apprendre à marcher, dites, comment vous y prenez-vous ? L'un la tire à droite, l'autre la tire à gauche ; un autre par devant, un autre par derrière; où voulez-vous donc qu'elle aille ? Ce n'est pas ainsi qu'elle pourra avancer.

C'est bien autre chose, et la confusion est bien plus grande, quand il s'agit de faire sa toilette. Chacun veut y mettre la main et l'habiller à sa façon, suivant son goût, qui n'est jamais la mode du jour. Tel veut lui mettre des mouches au visage et lui poudrer les cheveux; tel autre veut la parer du manteau des Césars, avec les abeilles d'or ; tel autre veut substituer aux abeilles des fleurs de lis, et enfin l'affubler de la robe de la marquise de Pretintaille.

Personne ne songe à lui laisser son *peplum* si noble et si simple.

Elle le gardera, je l'espère, malgré tous vos efforts, et elle saura se préserver de toutes vos caricatures. Elle se rit de vous ; comme les deux vieillards qui obsédèrent la chaste Suzanne, tous les vieillards de nos défunts régimes obsèdent notre République ; ne pouvant la violer, ils l'accusent ; mais Daniel veille ; et le peuple pourrait bien leur faire payer cher leur insolence.

Cessez donc de la tirailler dans tous les sens. Le beau spectacle que vous donnez au monde ! vous parodiez ce qui déjà était une parodie, et vous faites ce que l'on peut appeler du désordre dans l'ordre.

Allons, habiles faiseurs, beaux parleurs, grands savants, que faites-vous ? Est-ce pour rester toujours embourbés dans l'ornière, que vous avez pris la direction du coche ? Vous n'avez pas même fait encore la besogne d'une mouche, depuis deux ans que vous suez pour arriver jusqu'au haut de la côte.

CHAPITRE II.

SECTION I.

Ah ! s'il ne s'agissait que d'avoir des lois par boisseaux pour être bien gouverné, il n'y a pas de nation au monde qui pût se flatter de l'être mieux que la nôtre ; en effet, dans notre dépôt, véritable capharnaüm, nous avons le bonheur d'en posséder cinquante mille au moins. C'est bien là un chaos, ou je ne m'y connais pas ; je défie Thémis, toute fille du ciel qu'elle est, de le débrouiller.

Pauvre peuple de Judée, que je te plains ! Tu n'avais

que quelques lois pour te gouverner, et Moïse pouvait les porter sous le bras en traversant le désert.

Qu'Athènes dut être malheureuse! Les lois de Solon formaient à peine un rouleau qui eût pu passer dans un bracelet.

Et l'ancienne législation de Rome était écrite sur douze tables d'airain, où chaque citoyen pouvait en prendre connaissance, avant de se rendre à son travail, sans se trouver en retard.

Pauvre peuple que celui que Gulliver visita et chez lequel il n'était pas permis de dresser une loi en plus de mots qu'il n'y a de lettres dans l'alphabet; il n'y avait même que très-peu de lois qui eussent cette longueur.

O barbares! Aussi, de combien de coudées nous dépassons tous ces peuples! Qu'est-ce que le siècle de Périclès?

Qu'est-ce que le siècle d'Auguste, comparé à l'époque de 1850?

Un législateur, chez ces peuples, était une bête rare; chez nous, on les compte par centaines; effet miraculeux du progrès et de la civilisation! Aussi faut-il voir comme nos thesmothètes s'entendent entre eux! Quelle gravité! quelle dignité! Comme les lois sont discutées avec sagesse, avec maturité, ainsi qu'il convient, lorsqu'il s'agit des intérêts d'une grande nation! Les sénateurs romains, à la prise de Rome par les Gaulois, n'étaient pas plus impassibles sur leurs chaises curules. Si l'ambassadeur d'un nouveau Pyrrhus les voyait à l'œuvre, il pourrait rapporter à son maître qu'il a assisté à une assemblée des dieux. Aussi, le président des amphictyons est-il heureux, quand il rentre chez lui, parce qu'il ne lui arrive jamais de changer de chemise.

SECTION II.

Nous avons, avec ce beau système d'économie, un avantage immense; faut-il, sur un motif quelconque, voire même sur un prétexte, à propos de bottes, faut-il confectionner une loi, deux lois, trois lois? aussitôt la navette législative court, vole, va et vient; et les lois se fabriquent comme on fabrique du calicot à Mulhouse.

Vous avez quelquefois dix lois sur la même matière : l'une dit noir, et l'autre dit blanc; l'une abroge l'autre, en tout ou en partie, et cela, selon que le vent souffle d'un côté ou d'un autre. On fait, défait, refait; on ajoute, on retranche; une lacune est cachée par une reprise comme au vieux linge; on fait du neuf avec du vieux, comme on retourne un habit; on met des pièces là où il y a eu des coups de canif de donnés; et finalement, de cette nouvelle chaudière d'Éson, il sort une loi toute fraîche, toute jeunette, affublée d'un habit d'Arlequin.

Mais quelle reconnaissance ne devons-nous pas à ces philanthropes, lorsqu'ils s'occupent, dans leur sanctuaire, de notre économie organique, de notre économie politique! avec quelle sollicitude on les voit approfondir ces questions si intéressantes! L'humanité seule les inspire.

Ainsi, vous avez des lois sur la race bovine; grâce à elles, vous pouvez jouir du spectacle imposant du bœuf gras, aux jours du carnaval.

Vous avez des lois sur la race ovine; aussi, vous pouvez manger une éclanche de pré salé, qui pèse dix livres.

Vous avez des lois sur la race chevaline; aussi, vous pouvez jouir des courses du Champ-de-Mars, qui ont toujours lieu dans la saison pluvieuse.

Toutes ces lois accordent même des primes de plusieurs centaines de mille francs.

Que dis-je? On s'est épris de tendresse pour la race âsine. On veut embellir ses formes, lui rendre les oreilles moins longues, et lui donner un air belliqueux.

Je crois même, Dieu me pardonne, qu'il y a une loi pour l'amélioration de la race porcine, et une autre qui accorde une prime pour engraisser les oies des pâtés de foie gras assaisonnés aux truffes.

Assurément, dans un pays où l'on s'intéresse si vivement au sort des bêtes, on doit y mettre les hommes dans du coton. Quel habitant des antipodes ne ferait pas une si juste réflexion? Il n'en est cependant rien encore ; cela viendra ; en attendant, on les met sur la paille.

SECTION III.

C'est chose digne d'admiration comme nous nous entendons entre nous ! C'est chose édifiante comme on travaille à consolider la République ! Chacun se plaît à lui jeter la pierre, aussi bien celui qu'elle nourrit, pensionne, héberge, abrite, qui en reçoit portefeuille, chapeau à plumes, place, faveurs, que celui qu'elle ruine ou qu'elle envoie à l'hôpital.

Des millions de voix s'élèvent de toutes parts. Les uns veulent une chose, les autres en demandent une autre; les uns réclament, les autres s'obstinent à ne rien céder ; les uns vont en avant, les autres en arrière : personne ne veut entendre ni à dia, ni à huhau. Toutes les flûtes sont en désaccord complet; ce qui compose un concert assez peu harmonique, et que l'on peut comparer à un charivari.

Dans ces magnifiques dispositions, la division ne pouvait manquer d'éclater entre nous. Profitant de cette entente cordiale, la Discorde sourit aussitôt, et nous lance dans les jambes une nouvelle pomme d'or, sur laquelle elle a gravé, de ses griffes, ces mots : Au plus audacieux ! Aussitôt chacun jette sa béquille, comme Sixte-Quint, et se met à l'œuvre pour faire triompher l'idée qui le domine, le fétiche qu'il n'a cessé d'adorer.

Vous l'avez entendu de vos oreilles, à la tribune, dans les journaux, partout. On ne se gêne plus. Les Capétiens ne veulent pas démordre de leur principe ; les Valois se cramponnent au leur ; les rêveurs de l'empire n'abandonnent pas leurs espérances ; les partisans de la rose rouge ne donnent pas leur part aux chiens.

Une nation ainsi composée est passablement hétéroclite. Ce n'est pas de l'anarchie, je le veux bien. Mais si ce n'est pas là de la chaomachie, je vais le dire à Rome.

A propos de Rome, je m'étais permis, dans ce chapitre, quelques réflexions qui ont fait dresser les cheveux de mon imprimeur, prétendant qu'elles sentaient le fagot. Avec ma pâte de tempérament, je ne me serais jamais douté que je pusse avoir affaire avec dame Justice ; j'en doute encore. Par exemple, à l'occasion de la lettre du président de la République à son ami Éphestion, je disais qu'elle était digne, noble, généreuse, mais qu'elle péchait par un endroit : il eût fallu l'écrire le lendemain d'une bataille d'Arbelles, ou la dicter de Campo-Formio. Est-ce que cela sent la hart ? Et, à propos du message du 31 octobre, je disais qu'il était superbe, mais qu'il y manquait quelque chose : un ukase doit être lancé du haut du Kremlin ou du balcon des Tuileries. Est-ce qu'il y a là de quoi fouetter un chat ? Bon Dieu ! remontons-nous le fleuve de la vie jusqu'à cet excellent ministre qui disait gaiement, et avec conviction : « Donnez-moi quatre lignes de l'écriture d'un homme, je veux être pendu moi-même, si je ne le fais pendre. » Les ministres sont quelquefois charmants. Il faut bien qu'ils s'amusent aussi.

SECTION IV.

Notre situation n'est pas près de finir, croyez-le bien. 1852, 1856 et 1860 ne l'éclairciront pas ; il faut attendre l'extinction de trois races, ce qui est un peu long et passablement ennuyeux.

Ainsi, monarchie absolue, monarchie à charte octroyée, monarchie à constitution imposée, bâtarde, constitutionnelle, comme vous voudrez ; socialisme de toute farine et de toute couleur ; République avec président, à assentiment universel ; toutes ces prétendues variétés, ces variétés vraies ou fausses de la puissance, de l'unique souverain, n'ont pas eu l'art, jusqu'ici, de satisfaire un seul jour la France, encore moins celui de l'amuser.

Les rois seuls se sont amusés : les uns à canarder leur bon peuple, les autres à bombarder des villes ; d'autres à séduire les fillettes, et à écorcher vifs leurs pauvres serfs ; d'autres à manigancer des mariages dynastiques, comme feu M. Vuillaume.

Il serait bien temps que le peuple aussi pût s'amuser à son tour.

Cela serait-il si difficile ?

Non, assurément ; il ne faudrait que de la bonne volonté ; il faudrait rompre avec un passé absurde ; il faudrait cesser de s'obstiner à vouloir conduire, avec des idées surannées, une société qui se transforme ; un peuple est comme l'individu : il a aussi ses différents âges. Traitez-vous un adulte comme un enfant ? Traitez-vous un homme mûr comme un jeune homme ? Pourquoi, à l'époque de 89, a-t-on reconnu la nécessité d'une constitution ? Pourquoi, en 1814, les Bourbons mêmes ont-ils donné une charte ? Pourquoi les Orléans, en 1830, ont-ils accepté une charte ? Pourquoi, en 1848, le peuple s'est-il fait une nouvelle constitution ? Cette progression est une loi de la Providence, comme la sève, qui fait grandir le chêne, est une loi de Dieu.

S'opposer à cette progression, vouloir arrêter cette sève, c'est s'insurger contre la volonté de Dieu.

Est-ce aveuglement ?

Est-ce entêtement ?

Aurez-vous donc des yeux pour ne point voir ? Raisonnons.

Est-ce que, sous Louis XIV même, vous auriez trouvé le peuple disposé à courber la tête sous le sceptre d'un Louis-le-Débonnaire ? L'aurait-on tenté ?

Est-ce que, sous Napoléon, le peuple se serait laissé mener comme sous Louis XIV et sous Louis XV ? Tout despote qu'il était, il lui fallut sacrifier à la démocratie ; sacrifice dérisoire, il est vrai, mais subi en apparence.

Aujourd'hui, en 1850, après une révolution nouvelle, et sous la République, vous voulez tenter de nous aristocratiser ?

Vous allez vous casser le cou à chaque borne. Chaque pas que vous ferez, vous vous heurterez contre un arbre de la liberté ; quoi que vous fassiez, il en restera toujours ; et vous finirez ainsi, à force de trébucher, par donner du front contre la grille de la colonne de Juillet, où vous expierez toutes les bévues que vous aurez commises.

Il est temps que vous y preniez garde.

On vous a confié une pâte qu'il est facile de mouler dans une forme moderne ; il ne s'agit que de la savoir manipuler avec intelligence. Vous n'avez eu jusqu'ici que le talent de la faire aigrir, et vous n'en avez su tirer que des brioches ; sachez donc la faire lever à propos, et faites-en sortir quelque chose que nous puissions digérer, maladroits pâtissiers !

Pour Dieu ! si des fous s'escriment à vouloir faire parler notre fille, lorsqu'elle est muette, n'essayez pas, lorsqu'elle parle, de lui arracher violemment la langue ; c'est un vilain jeu.

Et cependant, vous n'êtes pas des idiots ; il s'en faut de beaucoup. Je m'adresse exclusivement à ceux qui ont eu jusqu'ici la prétention de gouverner la société ; permettez-moi de porter sur vous un jugement sévère. Je ne le fais point avec amertume ; c'est la situation seule qui m'y force ; je tremble moi-même, moi qui n'ai aucun siége dans ce vaste amphithéâtre, dans cet immense forum, d'oser monter aux rostres, qu'il semble à vous seuls permis d'aborder, pour y faire entendre une voix inconnue. Ne prenez pas mon entreprise téméraire pour de la vanité.

Si j'ai des vérités dans la main, pourquoi ne l'ouvrirais-je pas ? Je n'ai pas l'égoïsme de Fontenelle.

SECTION V.

Vous êtes assurément des gens d'érudition, des académiciens distingués ; vous possédez votre rhétorique jusqu'au bout des ongles ; vous parlez finances, guerre, religion, à l'occasion ; agriculture, commerce, à volonté ; vous faites des livres, des romans, des histoires, tout cela très bien tourné ; mais vous n'entendez rien à la philosophie moderne, et vous ignorez complétement les moindres principes de la psychologie de la société. Où les auriez-vous appris ? sous quel maître ? La doctrine de notre dernier temps ne les a point abordés ; on sait qu'elle n'a pas fait merveille ; ses résultats sont là pour l'attester. Pour bien gouverner un peuple, il faut étudier les phases que le temps fait subir à la société. Que diriez-vous d'un astronome qui s'obstinerait à ne vouloir étudier la lune que par ses croissants ? Le progrès de la société humaine est aussi incontestable aujourd'hui que le mouvement de la terre est réel. Le nier, c'est se ranger du côté de l'inquisition de Rome, qui condamna Galilée à la prison et à réciter tous les jours les sept psaumes de la pénitence, pendant trois ans, et à déclarer à genoux qu'il en avait menti à Dieu et aux hommes.

Et le monde a fini par se ranger du côté de Galilée.

Et le mouvement se fait autour de nous.

SECTION VI.

Platon a dit : Les royaumes seront heureux quand les philosophes règneront ou que les rois philosopheront, c'est-à-dire quand ils feront profession d'aimer la sapience, comme disaient nos pères.

Or, les rois n'ont pas su philosopher. Loin de là, ils ont persécuté partout les philosophes, heureux de ne pas avoir été brûlés comme les sorciers. Puisque les rois n'ont pas voulu philosopher, c'est aujourd'hui aux peuples à philosopher.

On ne sait faire que des lois de circonstance, des ordonnances provisoires, des messages éphémères ; jette-t-on dans votre jardin une pierre qui interrompt votre promenade, vite une ordonnance, et le chemin est déblayé. Une tuile vous tombe-t-elle sur la tête, vite une ordonnance, et votre esprit se rassérène. Un refrain vient-il à frapper vos oreilles, vite une ordonnance pour imposer silence. Mazarin laissait chanter ; il eût volontiers payé les violons, pourvu qu'on payât l'impôt, tandis que vous cassez les violons. C'est de la petite guerre à coups d'épingles.

Quoi ! vous ne trouvez rien de mieux à faire que ce qu'ont fait vos prédécesseurs ? Vous avez tant dit des Bourbons en 1814 : Ils n'ont rien appris, ils n'ont rien oublié ! Voulez-vous qu'on dise de vous, en 1850 : Ils n'ont rien appris, ils ont tout oublié ?

Vous, dans vos caves, comme eux dans l'exil, les événements ne vous ont-ils rien enseigné ? Le monde, ébranlé jusque dans ses fondements, n'a-t-il fait naître en vous aucune réflexion ? Ce bouleversement vous aurait-il frappé de paralysie ? Croyez-vous que nous n'avons pas plus fait de chemin que l'écureuil tournant dans sa cage, et que nous nous sommes tant agités pour rien ? Quoi ! votre cœur ne s'est point ému à la vue de tant de misères ! vous n'avez point compâti aux souffrances de tant de vos semblables ! vous avez refusé de leur venir en aide ! Mais vous ignorez donc que vous n'êtes rien que par le peuple ? Il n'y a plus de France officielle. D'où sortez-vous donc ? Non, le peuple n'est plus petit enfant ; il n'est plus en sevrage ; il n'est plus en tutelle ; il est majeur, et, par cette raison, en possession de ses droits ; il n'a plus besoin d'être mené ; il ne le veut plus. Le moment est venu de raisonner. C'est à vous de l'étudier, de l'anatomiser ; c'est à vous de descendre dans le fond de son âme, et de chercher à découvrir quels sont ses besoins moraux, ses besoins matériels, et à appliquer les moyens pour lui procurer la plus grande somme de bien possible. Vous aurez alors bien mérité de l'humanité.

SECTION VII.

Tenez, vous avez trop peur des vingt-quatre lettres de l'alphabet. Elles se dressent devant vous comme des fantômes. Quand vous aurez réduit l'alphabet de moitié, savez-vous ce qu'il arrivera ? Le peuple lira tout de travers. Il verra des choses monstrueuses là où il n'y a que de plates sottises à faire hausser les épaules ; il supposera et, qui pis est, il inventera. Qui sait alors où il s'arrêtera! Il lira toujours. Croyez-vous qu'il aura besoin de cent voix quotidiennes pour lui apprendre ce qu'il veut et ce que vous voulez? Il le lira sur tous les murs, sur les feuilles de chaque arbre de liberté, sur chaque grain de sable du macadamisage, dans les nuages qui vont, fuient et reviennent sur les ailes des vents. Savez-vous comment il le lira? Avec cette faculté subtile que Dieu lui a donnée:

L'idée!

Cherchez à couper l'idée par le milieu; il en naît deux. Coupez encore; il en pousse quatre. Et ainsi de suite.

L'idée! elle se glisse partout; elle passe à travers les meurtrières des bastilles, à travers les mille mailles de vos filets; saute par-dessus les fossés, voltige sur les pointes des baïonnettes; entre dans la giberne, sort par le fourreau d'une épée; vole plus rapidement que la vapeur, que le vent, que le fluide électrique: elle est partout et nulle part. D'abord impalpable, elle grandit, devient énorme: elle touche au ciel. Rien ne lui résiste. Elle brise, elle renverse, elle donne la vie à tout. C'est Dieu lui-même.

Vous vieillissez; le peuple rajeunit tous les jours.

L'armée sera demain renouvelée.

La garde nationale, demain, n'aura plus la même physionomie.

Les petits deviendront grands.

Vous travaillez pour vous encore, peut-être; vous ne travaillez pas pour vos enfants, assurément.

A la marche qu'on suit, au train qu'on y va, il ne faut pas être un grand sorcier, il ne faut pas être un Nostradamus savant dans l'art de lire dans les astres en conjonction, pour prédire quelque phénomène.

En 1789, il a paru une comète, à la queue terrible et sanglante.

En 1814, elle a reparu.

En 1830, elle a reparu.

En 1848, elle a reparu.

Les astronomes disent qu'elle n'est point éteinte, et je le crois.

D'après sa révolution accomplie dans les périodes que je viens de citer, calculez sa marche elliptique par la vitesse qui lui est imprimée depuis 1848, et vous aurez la date de sa nouvelle apparition.

Je voudrais pouvoir rire avec vous, et n'être qu'un Cassandre de comédie.

Il y a une chose dont vous n'avez pas l'air de vous douter. Il y a longtemps que le peuple a mangé du foin défendu; il y a longtemps qu'il a eu la hardiesse de toucher à l'arbre de la science.

Platon, Aristote, Pythagore peuvent vous avoir appris la philosophie spéculative et la philosophie active avec leurs catégories; mais aujourd'hui il ne s'agit plus que de la philosophie humanitaire.

Pour faire l'application de cette nouvelle science, savez-vous ce que c'est que le peuple? Faut-il vous l'apprendre?

CHAPITRE III.

Le peuple.

SECTION I.

Le peuple est une bonne bête. Le peuple est une méchante bête. Toutes les classifications, toutes les divisions qu'on a faites du peuple, depuis les premiers législateurs jusqu'à nos jours, ont été entachées d'un vice originel, parce qu'elles ont manqué de rationalité. Faut-il le dire? Il m'en coûte! mais je dois céder à la vérité, dût-elle faire pleuvoir sur moi tous les quolibets du *Charivari*; dût-elle me faire écorcher vif par le crayon malin du *Journal pour rire*. Oui, Solon s'est trompé, Romulus s'est trompé, Numa s'est trompé, et tous les législateurs après eux se sont trompés. A vous permis de penser que je dégoutte l'orgueil, la vanité et la présomption.

Inclinons-nous devant ces noms, l'honneur de l'humanité; professons un culte pour ces hommes, ces philosophes qui ont fait pénétrer la lumière là où régnaient les ténèbres; mais que notre vénération ne descende pas jusqu'à encenser leurs fautes. Cette diversité de rangs a été une cause perpétuelle d'antagonisme; qu'elle cesse; nous l'avons proclamé : que l'unité remplace la dualité. Nous sommes les enfants d'une même famille; nous sommes tous frères, nous sommes tous citoyens.

Pour faire du peuple une bonne bête, de méchante bête qu'il est, la recette n'est pas si difficile qu'on pourrait le croire.

Il faut prendre l'homme comme une des parties intégrantes de la nature, c'est-à-dire l'assimiler aux autres animaux, ne lui en déplaise.

Il a avec eux plus d'un point de ressemblance; qu'il se cabre à ce propos; je ne dis pas qu'il est le plus sot animal.

Vous avez tous connu le fameux Van-Amburgh, dompteur de lions, de tigres et autres bêtes féroces? Par quel moyen parvenait-il à les apprivoiser? Il se gardait bien de les rudoyer, de les exciter, de les aiguillonner : il les caressait et leur donnait à manger. C'est là tout le secret.

Il faut donc apprivoiser le peuple et lui donner à manger.

En vérité, je vous le dis, donnez à manger au peuple, ou bien il vous dévorera.

SECTION II.

On nous dit que les rois sont institués par Dieu les pasteurs des peuples ; que les peuples sont confiés à leur garde. Qu'ont-ils fait de leurs troupeaux, ces pasteurs couronnés? Loin de les conduire dans de gras pâturages, ils n'ont été occupés qu'à les tondre, souvent jusqu'au vif, et ils ont fini par les manger ; les ministres ont été naturellement leurs lâches complices. De tous les êtres qui peuplent la terre, je ne connais pas un animal plus impertinent, plus insolent qu'un ministre. Attaquez Dieu, la religion, le roi ; il ne s'en émeut point. Attaquez son portefeuille, vous êtes un sacrilége, un impie, un révolutionnaire; vite en prison. Un roi, je ne sais lequel, a peint d'un mot le ministre. Un pauvre diable se plaignait de l'injustice de son ministre : « Il fallait, mon ami, lui dit le roi, parler mal de moi, il ne t'eût rien été fait. »

On chasse les rois comme des valets ; le ministre revient toujours sur l'eau. Chose curieuse! depuis quarante ans, on attend une loi sur la responsabilité des ministres, et, tous les ans, ils apportent une loi sur la pêche ou sur la chasse, ou ils refondent les lois qui les gênent.

Avons-nous jamais eu un ministre de la nation? Non, nous avons eu toujours des ministres comme signes de châtiment ; nous avons eu des ministres de par le saint-siége, de par le saint office ; nous avons eu des ministres de boudoir, de cotillon ; nous avons eu des ministres de salon, de canapé, de coterie ; nous avons eu des ministres tantôt d'un parti, tantôt d'un autre ; les intimes sont satisfaits et repus aux dépens du peuple qu'on affame.

En vérité, je vous le dis, donnez à manger au peuple, ou il vous dévorera.

Vous voulez tuer le socialisme, cette apocalypse de nos

jours, où chaque sectaire s'imagine trouver la prophétie qui lui annonce la fin de sa misère. Ne croyez point qu'il en étudie le mystère, noyé dans un déluge d'obscurités ; il ne voit qu'une chose : du pain qu'on lui promet.

SECTION III.

La seule manière de combattre le socialisme, c'est de donner de suite du pain au peuple.

C'est l'intérêt de tous, c'est votre intérêt.

Vous vous endormez sur le bord de l'abîme ; vous avez trop de confiance en vous-mêmes ; combien cette confiance en a perdus ! s'il ne s'agissait que de vous, je dirais : Que la fatalité les entraîne! qu'elle s'accomplisse, puisqu'ils le veulent; et qu'ils passent la Manche ! Mais il s'agit du salut de la société, et une autre tâche vous est imposée; envisagez le péril, et vous n'hésiterez plus.

Considérez les avantages, et vous vous mettrez de suite à l'œuvre.

L'homme qui a faim est toujours prêt à suivre les mauvais conseils ; son âme est sans cesse ouverte aux passions les plus funestes ; son esprit surexcité est merveilleusement disposé à s'imprégner d'idées extravagantes ; il se laisse facilement entraîner dans tous les piéges qu'on lui tend ; il prête une oreille attentive aux projets des ambitieux ; il croit aux promesses qu'on lui fait ; il accueille tout avec une confiance avide ; il se livre entièrement à qui veut le conduire ; il court aux manifestations, aux émeutes, aux barricades ; il croit trouver un morceau de pain sous un pavé ; homme d'action, et n'ayant rien à perdre, il est toujours prêt à un coup de main.

Que ne fera-t-il pas? où n'ira-t-il pas? Il rompra avec sa religion, il reniera Dieu, il criera : Vive l'enfer !

Où le communisme a-t-il recruté ses adeptes? quels sont ceux qui se sont montrés les plus ardents à propager la doctrine du maître? quels sont ceux qui courent au rivage pour faire voile vers l'Icarie? Hélas ! ceux qui ont faim.

Quels étaient les partisans de l'organisation du travail, prêchée au congrès des rois des halles au Luxembourg?

Quels sont ceux qui veulent s'enrôler dans une escouade du monastère phalanstérien ?

Toujours ceux qui n'ont pas de pain dans la huche.

Ouvrez les yeux, et voyez quelle influence les chefs exercent sur leurs troupes. Le vieux de la Montagne avait moins d'empire sur l'esprit de ses séides. Quelle discipline, quelle obéissance à la voix qui commande ! Allez ici, n'allez pas là, tournez à gauche, tournez à droite, tout s'exécute avec précision. On vous arrache les arbres de la liberté, — restez les bras croisés; on vous enlève les couronnes de la colonne de Juillet, — remplacez-les ; vous les avez remplacées , — c'est assez, abstenez-vous; on les enlève de nouveau, — restez calmes. Ils sont calmes; et vous aussi, vous restez calmes et vous vous frottez les mains, contents de votre victoire, et vous ne voyez pas votre défaite ! J'admire votre pose flegmatique, votre regard satisfait, votre sourire plein d'assurance; cette conduite disciplinaire ne vous frappe-t-elle pas ?

Je ne suis pas alarmiste, je ne suis pas un peureux, assurément, non; je ne vois point à mes pieds un abîme, comme Pascal, et cependant, je tremble. Vous allez peut-être rire, mais je ne vois pas cette situation d'un œil aussi calme que vous, et avec la même tranquillité d'esprit.

Il n'est pire eau que l'eau qui dort.

Je ne me fie point aux protestations hypocrites.

Je ne puis m'empêcher d'être saisi d'effroi, quand je considère que le repos de mon pays dépend d'un moment d'impatience ou de mauvaise humeur, d'un Catilina socialiste qui peut ainsi, à sa voix, faire manœuvrer ses marionnettes.

L'homme qui a un morceau de pain à mettre sous la dent est toujours disposé à l'ordre ; ses vœux sont pour le maintien de la tranquillité publique ; son cœur est fermé aux insinuations perfides qui tendent à égarer les esprits crédules ; il repousse avec indignation les discours démagogiques qui enflamment les imaginations, et poussent les hommes, souvent à leur insu, aux plus déplorables excès ; il est inaccessible aux provocations des agitateurs ; il comprend que les tempêtes, en jetant la perturbation dans la nature, la paralysent dans ses travaux, et retardent ou arrêtent le développement de leurs fruits. Il en est de même de la vie sociale ; la paix fait vivre, la guerre porte la famine dans ses flancs. Il est calme, prudent, sage, l'homme que la faim ne sollicite pas ; il a le temps de réfléchir. Il ne demande pas à la violence ce qu'il sait que le temps lui donnera ; il veut le progrès, mais gradué : le fruit qui mûrit trop vite est sans saveur et indigeste. Il est content des conquêtes qui se sont faites autant en dehors de la prévision de l'homme que par ses efforts quelquefois irréfléchis et aveugles. Par quelle voie les améliorations se sont-elles introduites dans le cœur de la société, comme ces sources invisibles s'infiltrent dans le sein de la terre pour la féconder ? Par cette marche irrésistible que Dieu imprime à tout ce qu'il fait. Oui, il est une puissance occulte qui agit au-dessus de nous, qui travaille dans le plus profond mystère, et enfin s'annonce merveilleusement à nos yeux, lorsque toutes les conditions de l'opération sont accomplies.

Contemplez la nature dans ses enfantements. Voyez ; l'arbre grandit avec cette progression qui assure sa force dans son développement ; tout ce qui se produit sous cette loi devient un bienfait pour l'humanité. Mais, qu'elle sorte de cette loi de progression, et que, par une de ces perturbations dont l'homme ne peut se rendre compte, les mouvements de la nature deviennent subits et brusques, tout change ; elle s'annonce alors par des météores terribles : c'est la foudre, ce sont les ouragans, qui détruisent, ravagent et portent la désolation et la mort au sein de l'humanité.

Voilà ce que sait l'homme qui a la pitance, ou tout au moins la portion congrue.

Quand vous voyez ces flots de population se précipiter vers les barrières et se répandre dans les jardins, dans les bals, dans les champs ; quand vous voyez, d'un autre côté, les salles de spectacle envahies par tant d'amateurs d'émotions diverses ; quand vous voyez cette multitude de gens s'agiter, danser, sauter et rire, que dites-vous en vous-mêmes ? Vous regardez avec votre lorgnon collé sur un œil, et vous passez. Bonnes gens, braves gens ! ils sont heureux ! un rien les amuse ! un rien les fait rire ! voilà tout.

O comédiens éclectiques ! ô philosophes du club moral et politique ! A quoi sert donc la science ?

Eh bien ! là se manifeste l'enseignement le plus profond, le plus éclatant qui puisse frapper l'esprit d'un philosophe de notre temps ; si vous croyez que cette population est enchantée du gouvernement, détrompez-vous ; si vous croyez qu'elle se réjouit de voir, dans les nuages, les fleurs de lis en forme de labarum, détrompez-vous ; si vous croyez qu'elle est dans l'attente du réveil de l'aigle des Césars, détrompez-vous.

Cette foule inoffensive, au front calme et serein, tout occupée de ses plaisirs, est gaie et joyeuse ; savez-vous pourquoi ? Les uns ont dîné, et les autres ont leur dîner dans le gousset.

Qu'ils s'écoulent maintenant par les mille artères dont Paris est sillonné, le calme le plus parfait les suit ; tout est tranquille ; les esprits sont sans inquiétude, et tout s'endort avec sécurité.

Et maintenant, savez-vous ce que fait celui qui n'a pas à dîner ? Il coule des balles pour se distraire, fabrique de la poudre, et rêve aux barricades. Il faut bien qu'il fasse quelque chose.

Faites manger tout le monde, et tout le monde dansera.

Quand le peuple aura à manger, donnez-lui toutes les petites théories à deux sous, tous *les Père Duchesne* sans-culottes, il en allumera tranquillement sa pipe ; donnez-lui à lire *le Voyage en Icarie*, *l'Institution de la Banque du Peuple*, *la Théorie des quatre mouvements*, *la Religion nationale* et *la Triade* et *le Circulus*, il lira tout cela comme on lit *les Contes des Fées*, *la Belle au bois dormant*, *Barbe-Bleue* ou *Riquet à la Houppe*.

SECTION IV.

Depuis trente ans, vous faites des lois d'enseignement ; vous en avez toujours attendu merveille. Qu'avez-vous appris au peuple ? Croyez-vous que la dernière va le rendre tout doux, tout bénin, et l'amènera tout contrit à vos pieds dans quinze jours ? Il faut vingt ans, trente ans, pour qu'une pareille loi porte des fruits ; est-ce qu'un ventre affamé apprend quelque chose ? Et vous vous plaignez de l'ignorance du peuple ! A qui la faute ? N'avez-vous pas été chargé de son éducation ? Qu'avez-fait pour l'instruire, alors même que vous étiez ministre de l'instruction publique ? Ah ! est-il des instituteurs plus coupables que vous, qui méritent plus que vous d'être suspendus et révoqués ?

Donnez à manger au peuple, et il apprendra tout ce que vous voudrez, n'importe sous quel pédagogue.

Savez-vous ce que vous y gagnerez ? savez-vous ce que l'État y gagnera ?

Le peuple n'étant plus tourmenté par le besoin restera chez lui : quand le loup trouve à satisfaire sa faim, il ne sort pas du bois.

Vous n'aurez plus à aviser à des moyens de répression; vous n'aurez plus à mettre votre esprit à la torture pour prendre des mesures contre l'émeute, pour faire espionner, pour surveiller les clubs, les conciliabules ; au moindre murmure, vous n'aurez pas à vous concerter pour restreindre la liberté de la presse, la liberté individuelle; vous n'aurez plus de cauchemar, et vous dormirez sur l'une et l'autre oreille sans inquiétude; on chantera, et l'on payera.

Votre purgatoire devient un paradis.

Cela vaut la peine qu'on y songe.

Quand l'esprit est tranquille, il ne pense pas à mal faire. Quand le calme est en bas, la sécurité est en haut, et l'ordre, naturellement, règne sur toute la surface de la société.

Dans cette situation merveilleuse, quatre hommes et un caporal suffisent pour garder Paris.

Vous abattez les fortifications, et, de leurs moellons, vous construisez des cités ouvrières.

Vous transformez ces grands vilains fossés, qui ne servent à rien, en champs où vous semez des pommes de terre.

Et de toutes ces citadelles, élevées, à grand renfort de millions, par le roi le plus pacifique qui fut jamais, et sous le ministre le moins guerrier de tous les avocats, vous faites de jolies maisons de plaisance.

Votre police devient inutile. A quoi bon? pour qui? Pour ramasser quelques ivrognes? On les ramassera sans elle.

Les voleurs? Vous n'en aurez plus guère.

Hâtez-vous donc de faire manger tout le monde.

La faim engendra les pastoureaux, les bâtards de Gascogne, les malandrins, la jacquerie, les cabochiens; c'est la famine dans Paris qui força le roi Louis XVI à quitter Versailles. C'est la faim qui éleva les barricades de juin ; juin est la queue de tout cela.

En vérité, je vous le dis, donnez à manger au peuple, ou le peuple vous dévorera tôt ou tard.

Saint Jean l'a dit avant moi, il y a dix-huit cents ans.

Voici ce qu'a dit saint Jean :

« Que celui qui a deux vêtements, en donne un à celui qui est nu ; que celui qui a de quoi manger, en donne à celui qui a faim. »

Et Moïse avait dit, quinze cents ans avant saint Jean :

« S'il y a un de tes frères dans la misère, ouvre ta main, et donne-lui tout ce dont il a besoin. »

QUATRIÈME PARTIE.

CHAPITRE I.

La République rose ou les sociophiles.

SECTION I.

Quels diables d'hommes ont surgi tout à coup sur l'horizon, à l'avénement de la République?

Au lieu d'apparaître comme des protecteurs de la société, on eût dit qu'un dieu les avait suscités contre nous comme les grues de l'apologue, pour nous croquer tous.

Intimidation, brutalité, crânerie, pression, cortége obligé de la médiocrité et de l'incapacité, telles sont les prémices dont ils nous ont gratifiés.

Pour que la République ait pu vivre vingt-quatre heures en de pareilles mains, il faut que les gouvernements monarchiques qui l'ont précédée aient été bien mauvais, bien déplorables ; ce qui a été démontré, en effet, par l'histoire même, avec permission et privilége du roi.

Après ce coup de foudre inattendu, que pouvait-il tomber sur nos têtes? Le tonnerre est précurseur de l'orage ; aussi avons-nous eu à essuyer une pluie de socialistes, communistes, etc., qui a fait gonfler tous les ruisseaux des faubourgs ; pendant deux mois, la capitale en a été inondée.

Un homme providentiel, à la parole puissante, lutta

contre ce débordement, et sut contenir le flot impétueux qui menaçait de rompre la digue.

Jeté par la tempête dans ce gouffre toujours prêt à l'engloutir ; au milieu de figures nouvelles pour lui, et animées de passions diverses ; entraîné, sans savoir où il portait ses pas, par ces bandes effrénées, sa position n'était guère plus joviale que celle de Gil Blas dans la caverne de Rolando ; sans compter qu'on ne lui avait pas même fait grâce de la vieille Léonarde, qui faisait aussi de la cuisine socialiste.

Malgré les enragés, la République démocratique sortit triomphante de toutes les épreuves qu'elle eut à subir.

SECTION II.

Il n'y a pas de petit clerc, pour peu qu'il écrivaille, et qu'il ait fait insérer un canard de dix lignes dans un journal plus ou moins politique, qui n'ait traité de ganaches les neuf cents de la Constituante et les sept cent cinquante de la Législative, et qui ne se soit dit : « Si jamais je me trouvais à la tête de ces gens-là, il faudrait bien que la locomotive marchât, et à grande vitesse encore ; elle emporterait tout dans sa course ; elle arriverait au but, dût-elle laisser en chemin quelques retardataires froissés, écorchés et éclopés. On ne gagne pas une bataille sans laisser quelques morts. »

Après la victoire, on resserre les rangs, c'est bien ; mais à l'œuvre, il se présente à chaque pas mille obstacles. Dans votre imagination, une montagne se présente ; vous la pulvérisez et vous franchissez l'espace avec vos bottes de sept lieues ; mais, une fois à la besogne, un fil, une paille vous arrête court, comme ferait une barre de fer. Vous n'avez pas compté sur ceci, vous n'avez pas prévu cela.

C'est ce qui est arrivé aux vainqueurs des nouvelles bastilles.

Ils ont cru, quand ils se sont vus à la tête de deux cent mille baïonnettes qui couvraient tout le Champ-de-Mars, qu'ils pouvaient tout faire, tout oser.

Ils n'ont pas su d'abord par où commencer. Ils avaient tous agi comme ce singe qui, ayant introduit sa main dans un vase pour en dérober le contenu, l'avait tellement remplie qu'il ne pouvait plus la sortir ; eux aussi, ils ne pouvaient sortir de l'impasse dans laquelle ils s'étaient fourrés. C'est alors que se produisirent les propositions les plus cocasses, soit dans le parlement, soit dans les clubs de diverses couleurs. La terreur croissait et embellissait tous les jours. Il y avait de quoi rire de pitié. Les démolisseurs, qui avaient su si bien manier la pioche et le marteau, étaient d'une maladresse atroce à tenir la truelle.

Abattre est chose facile ; il ne faut pas être un grand basochien pour cela. Il n'en est pas de même pour construire : il faut de la science.

Cependant, il se rencontre toujours des esprits audacieux qui ne veulent pas s'arrêter en chemin, et qui prétendent marcher malgré vent et marée. La honte de reculer les pousse en avant, au risque de s'enfoncer dans un bourbier jusqu'aux oreilles. On ne peut pas rester les bras croisés ; il faut bien faire quelque chose, fût-ce de la bouillie. Quand un peuple est sens dessus dessous, la première chose à faire, c'est de rétablir l'ordre ; l'ordre donne la sécurité ; la sécurité donne la confiance. C'est un axiome de pont aux ânes. C'est la première chose à laquelle on ne songea pas. On fit du désordre par plaisir. La cour était dans la rue ; on était bien aise de faire acte de souveraineté, et de tenir la société en échec. Il y avait quatre gouvernements bien distincts : l'hôtel de ville, la préfecture de police, la rue de Rivoli, le Luxembourg; sans compter les clubs, qui exerçaient une pression constante sur le fantôme de gouvernement. Cette anarchie inspira la terreur. La peur engendre la défiance ; les actes de l'autorité furent merveilleusement combinés pour atteindre ce but. Ils sont des chefs-d'œuvre du genre, rien n'y manque : esprit, nerf, expressions, intimidation, rigueurs; on peut dire que c'est tapé de main de maître; si une partie de la population n'a pas passé l'Atlantique, c'est que le charbon a manqué pour alimenter les bateaux à vapeur.

Nos héros s'étaient dit si souvent entre eux : Je suis vainqueur, tu es vainqueur, il est vainqueur, nous sommes tous vainqueurs, qu'ils crurent qu'il fallait agir en conquérants; mais ils ont agi en conquérants stupides.

On disait tant que le règne de la blouse était venu, qu'il s'en fallut de peu qu'il ne fût décrété, au son des trombonnes de tous les régiments, que la blouse était le costume national, avec la casquette sur l'oreille et la pipe culottée.

C'est avec ces principes qu'on procéda.

SECTION III.

Quand les Romains avaient conquis une province, ils se gardaient bien de toucher aux usages, aux mœurs, à la religion de ses habitants. Ils respectaient les traditions nationales sans y porter atteinte. C'était, pour des vainqueurs, de la bonne politique; elle leur réussit toujours. Nos conquérants firent tout le contraire.

Ils mirent la pyramide sociale, la base en l'air et la pointe en bas, et là-dessus ils se mirent à bâtir. Assis autour d'une table ronde, ils prirent le tapis vert qui la couvrait pour un tapis de billard, et s'imaginèrent qu'il était aussi facile de gouverner que de faire une partie de ce noble jeu dans lequel tous excellaient, sans exception.

On commença par faire table rase. Le terrain fut déblayé. On fit comme le jardinier qui, pour égaliser une plate-bande, passe le rateau et écrase les mottes ; on promena çà et là les rateaux afin de niveler; nos petits Tarquins abattirent les plus grands pavots.

Dans cette bagarre, ils n'eurent garde de s'oublier ; ils s'emparèrent des meilleures positions ; on les vit se nicher et s'installer comme des coqs en pâte.

Gouverner ainsi, tout le monde peut le faire.

Voilà la réforme comme ils l'entendaient; ils ne pouvaient s'élever plus haut. C'était juste la hauteur que peut atteindre une oie dans son vol. Ce n'était pas le vol de l'aigle. Le génie manquait ; le génie n'est jamais sorti d'une tabagie.

SECTION IV.

Rien n'est plus délicat que de toucher à la Constitution d'une nation ; quelque vicieuse qu'elle soit, il faut user d'une grande circonspection avant d'y porter la main. Agir avec brusquerie, c'est risquer, après un bouleversement, de tout plonger dans le chaos. Il y a quelquefois avantage à corriger un abus, il y a aussi danger à l'extirper ; quand on a vécu longtemps sur les mêmes lois, les remplacer subitement par d'autres lois contraires, c'est s'exposer à créer un régime nouveau qui ne convient pas au tempérament d'un peuple. Tout ce qui est intempestif, est mortel.

Faites passer un individu du chaud au froid, la transition lui sera funeste.

La Constitution d'un État reflète les mœurs d'une nation,

lesquelles sont les fruits d'une éducation politique qui a de profondes racines dans le sol; la Charte de 1830, à cet égard, n'était pas sans reproches.

Il est des abus innocents dont le maintien n'est point un obstacle à la marche du gouvernement, et dont l'extirpation froisse certaines susceptibilités qui, par leur importance, peuvent être un sujet de trouble pour la société. C'est aux législateurs à apprécier ces points délicats. En les heurtant sans ménagements, vous dénaturez le caractère du peuple; désorienté, il se trouble, il se déchaîne; il n'a bientôt plus de maître; il n'obéit plus que pour mal faire. Vous vous en servez, mais il frémit sous votre main. Vous l'avez perdu pour longtemps; il devient pour vous-même plus intraitable. Vous n'avez rien vu de tout cela. Le volcan est toujours ouvert; quand il n'est pas en éruption, il fume. Vous avez voulu que la République fît à tous une laide grimace, et qu'elle montrât toujours les dents.

Vous perdez trop de vue que nous sommes Français. Vous voulez nous draper à la grecque, à la romaine. Les Grecs et les Romains eurent de beaux jours; ils eurent aussi des jours néfastes.

Que leur histoire au moins nous profite; et si nous devons ressembler à quelqu'un, ressemblons-lui par ses bons côtés.

Il était facile d'arriver à la solution du problème désiré, c'est-à-dire à l'amélioration de la société entière, en agissant tout doucement, avec prudence, en ménageant ses forces; tandis qu'on a agi comme M. Purgon, avec des douzaines de médecines, pour nettoyer le corps social.

SECTION V.

La monarchie avait fait place à la République. Il n'y avait plus d'ennemis sérieux; ils s'étaient rendu justice eux-mêmes ; ils avaient pris la fuite ; il y avait des mécontents, c'est vrai ; mais ils étaient peu dangereux. Les républicains avaient les coudées franches. La fortune leur souriait ; ils étaient trop heureux ; ils ne surent point profiter de cette magnifique position ; ils se créèrent, à plaisir, des ennemis ; on ne peut pas être plus maladroit. Sous prétexte d'intérêt général, on s'amusa à satisfaire de petites rancunes, à exercer de petites vengeances, à obéir à de petits amours-propres, au lieu d'agir grandement, noblement. Pourquoi ne pas conserver l'institution de la pairie, comme quelques-uns l'avaient proposé? Vous avez craint que la démocratie n'en prît ombrage? Eh ! mon Dieu ! qui eût empêché de démocratiser la pairie ? Avez-vous pensé qu'elle jouerait la bégueule ? N'avait-elle pas fait déjà ses preuves? Quand on a prêté dix-sept serments, le dix-huitième ne coûte guère. Avez-vous eu peur de l'opposition de quelques farouches ? Vous connaissez bien peu les hommes. Je me serais chargé du plus méchant; je l'aurais coiffé d'un beau chapeau à plumes ; je lui aurais jeté sur les épaules un superbe manteau de velours, à la Crispin, frangé d'or ; je lui aurais mis aux jambes une belle paire de bas de soie, et je l'aurais conduit ainsi en fiacre au Luxembourg. Croyez-vous qu'il se fût laissé tirer l'oreille ? Et quand vous eussiez fait une bonne fournée à la Charles X ou à la Louis-Philippe, le grand malheur !

A Lacédémone n'y avait-il pas les gérontes à côté des éphores? A Rome, à côté des consuls et des tribuns, n'y avait-il pas le sénat ? Grands parodistes, vous n'êtes que des mimes du mauvais et vous dédaignez le bon. Ensuite pourquoi cette hécatombe de généraux? Croyez-vous qu'ils n'eussent pas soutenu l'honneur de la République ?

Dites-moi, je vous prie, quelle fièvre vous travaillait, lorsque vous avez décrété l'article dix de la Constitution : Tout titre nobiliaire est aboli à toujours. Vous avez agi là sans jugement, en vrais étourneaux. Est-ce faire preuve de bon sens, de connaissance du cœur humain, en lui enlevant ainsi ce qui flatte son amour-propre? Quel est celui qui n'a pas son petit grain de vanité? Cette maladie est aussi vieille que le péché originel, et bien innocente. Vous avez cru qu'un décret pouvait la détruire? Erreur. Pas plus que si vous aviez lancé un décret contre la jalousie ou contre la peste. C'est une taquinerie, rien de plus. Quel grand mal ce maintien aurait-il fait à la République? Qu'est-ce que le titre de marquis sans marquisat? de duc sans duché? C'est un mirliton dans les mains d'un enfant. Laissez donc les hommes jouer aussi, si cela leur plaît, aux jeux innocents. Vous avez voulu m'enlever les marquis pour m'enlever un sujet de rire. C'est très-mal, et je vous en veux. Si Molière vivait, il vous fouetterait jusqu'au sang pour se venger de tant d'impertinence. Cette pensée saugrenue en a fait naître une autre plus stupide encore dans l'esprit d'un des élus de la nation. Le cœur plein du feu sacré de la patrie, et inspiré par le dieu qui brouillait si bien les idées des pythonisses, il a monté gravement les marches de la tribune aux harangues, et là, d'un ton solennel, il a laissé tomber ces paroles: « C'est le moment des sacrifices. Il faut sauver la patrie! Plus de signes distinctifs. A quoi bon ces cordons, ces rubans, ces croix, vains hochets de la vanité?... » L'ordre du jour! l'ordre du jour! La motion est tombée à plat; c'était sage. Pourquoi n'a-t-on pas persisté dans cette inspiration? C'était le moment de battre en brèche l'article dix, et de le foudroyer. J'en avais l'espoir, et ma cause était gagnée. Mais l'homme se pendrait plutôt que de faire deux choses bien à la fois. L'homme se délecte dans la contradiction, comme le singe dans la malice.

Qui craignait-on d'offusquer? Le peuple? Mais au Luxembourg ses oreilles venaient d'être agréablement chatouillées. Ne disait-on pas aux délégués: Vous êtes rois, les seuls rois! Cette qualification ne leur faisait point froncer le sourcil. C'était bien le moins que ceux qui avaient envoyé des rois au Luxembourg créassent des comtes, des barons, des marquis.

Ainsi, j'aurais fait dire à la Constitution. Article dix: Tous les Français sont de droit marquis. Nous sommes tous marquis. Pardieu! nous aurions fait une République de marquis, et saute marquis! Ce n'eût pas été plus plaisant que de voir une République gouvernée par des royalistes. Il faut avouer que nous sommes un singulier peuple.

Permettez-moi de vous citer encore l'éternelle Rome; cette Rome qui a fait faire à nos pères tant de bêtises, parce qu'ils l'avaient jugée tout de travers; cette Rome que, par une imitation servile, nous invoquons à notre tour, en persistant dans nos mêmes erreurs.

Après l'expulsion des Tarquins, le fameux aristocrate Brutus, prince du sang royal, qui fut assez adroit pour se nommer consul, ordonna-t-il l'abolition du titre de patricien? Les patriciens étaient les marquis, les aristocrates de l'époque. Les familles Julia, Fabia, Émilia, Claudia, Cornélia, Hortensia, Virginia, etc., ne cessèrent pas de faire partie du sénat, et la République n'en marcha pas plus mal.

Voyez que de gens vous vous êtes mis à dos! Aussi qu'ont-ils fait? Ils se sont remués dans tous les sens pour s'allonger dans le lit de Procuste, sur lequel vous les avez couchés; et aujourd'hui ils cherchent à brouiller les cartes, espérant, de ce tohu-bohu, faire sortir le roi de cœur, ou le roi de carreau, ou le roi de pique.

Vous avez voulu mettre trop de rouge sur les joues de la République: vous l'avez rendue hideuse. Si vous lui aviez mis du rose, chacun l'eût saluée avec transport; nous lui eussions rendu hommage, et elle eût conquis tous les cœurs.

On y viendra. La République rose est désormais la

seule possible, et déjà tout semble nous pousser vers elle.

CHAPITRE II.

SECTION PREMIÈRE.

A ces complications, déjà assez ardues, est venue s'en joindre une autre qui a rendu la situation plus inextricable. On peut dire qu'elle a atteint la perfection de l'atroce idéal. Apelles, pour peindre sa Vénus, choisit de cent beautés de la Grèce les parties les plus parfaites. Pour achever de nous peindre, nos barbouilleurs ont fait choix de toutes les infirmités que la nature peut offrir dans ses écarts.

Le socialisme s'est abattu sur nous comme un vautour sur sa proie. Si encore nous n'avions eu à faire qu'à un seul socialisme! Mais il nous en est tombé une demi-douzaine sur les bras, plus extravagants, plus excentriques, plus drôles les uns que les autres.

J'ai mis au grand jour leur misère; j'ai combattu les différentes têtes de ce corps hideux. Il faut pénétrer dans ses entrailles afin d'en découvrir la source impure.

Comment s'est annoncé le socialisme? quel a été son premier cri? quel a été son signe de ralliement?

Le socialisme s'est annoncé par la menace de la spoliation; son premier cri a été un cri de guerre contre la société entière; son signe de ralliement a été le drapeau rouge, opposé au drapeau tricolore. Il se séparait d'un seul bond de la grande famille. Voilà ses préludes.

Tout était menacé. Tout était remis en question :

La famille, la propriété, jusqu'à la religion. La famille! en brisant ses liens sacrés, en la disloquant, en l'anéantissant; la propriété! en invoquant le partage, ou en la déclarant indivise; la religion! en fermant le ciel et en ouvrant l'enfer.

On ne s'arrête pas en si beau chemin; l'effet a suivi la menace. Le socialisme a fait appel à la violence. Le fusil d'une main, la torche de l'autre, il a voulu réaliser ses vœux; il a succombé dans la lutte. Mais le socialisme a la vie dure; il n'est pas mort, il semble revivre aujourd'hui et plus fort que jamais par les auxiliaires qui ont grossi ses rangs.

A l'élection du 10 mars, il s'est produit un phénomène qu'il est bon de signaler, parce que là est tout le nœud de la situation; il faut avoir le courage de le couper, si l'on ne veut voir de braves, d'honnêtes gens, séduits par une conversion hypocrite de leurs ennemis, se laisser entraîner dans un guêpier et devenir la proie d'habiles charlatans.

Le socialisme a fait appel à la démocratie au moment d'un danger imminent pour la République menacée par la monarchie: son moyen a été le rapprochement du prolétariat avec la bourgeoisie; cette union a assuré le triomphe de la République.

Le socialisme a chanté victoire; la bourgeoisie s'est-elle ralliée, par cet acte, au socialisme, à la démagogie?

La plaine a-t-elle monté? La montagne s'est-elle aplanie? Assurément non.

La bourgeoisie donne-t-elle son assentiment aux opinions qui se sont manifestées dans certains clubs de mars et d'avril, et qui en ont occasionné la fermeture? Fait-elle chorus avec ces maniaques à idée fixe, qui crient encore: Guerre aux châteaux, paix aux chaumières, et tout ce qui s'ensuit? Non, encore une fois. C'est le rapprochement des anciens révolutionnaires avec le jésuitisme qui a donné naissance au rapprochement de la bourgeoisie avec le socialisme; mais quelle que soit l'alliance de l'or avec le plomb, il suffit de la présence de celui-ci pour que le mélange soit impur ; ainsi, nous voilà tous bien et dûment fourvoyés. C'est de cette situation fausse, absurde, indigne qu'il faut sortir.

Je sais bien qu'il existe quelques voix rares du socialisme (mais elles sont désavouées par les plus prudents) qui s'époumonnent à chanter la conciliation, à conseiller l'oubli du passé; je sais bien qu'il a été fait même des concessions, car il y a loin du cuisinier et du cambreur au romantique et au Nestor de la République.

Enfin, on dirait que le diable est prêt à se faire ermite; mais sa queue et ses cornes le trahissent, et ses griffes apparaissent à travers ses gants jaunes.

La bourgeoisie se laisserait-elle séduire par ces sirènes de nouvelle espèce?

Qu'est-ce que tout cela veut dire? qu'il y a le bon et le mauvais socialisme? Cela veut dire aussi que cette fusion est une nouvelle confusion.

De cette union, de cet accouplement contre nature, il ne peut naître qu'un monstre que repousseront, avec horreur, l'un et l'autre parti.

Cette situation est anormale, elle ne peut produire aucun bien réel. Il y a au fond incompatibilité d'humeur, et le ménage ne peut se maintenir.

Il y a donc urgence à provoquer le divorce.

Je ne viens point jeter, comme en une mêlée, les brandons de la discorde et augmenter à plaisir la chaomachie, qui, Dieu merci, est déjà assez grande. Le ciel m'en préserve! je ne viens point prêcher la violence.

Je voudrais, au contraire, tâcher de porter la lumière dans les ténèbres qui nous environnent de toutes parts, et éclaircir une situation un peu trop embrouillée. Il est temps de déployer un drapeau à l'ombre duquel tous les hommes honnêtes, sages et bons, puissent se grouper, quelle que soit la tendance, quelle que soit l'opinion, quelle que soit l'aspiration qui les anime. Ce drapeau, c'est le drapeau rose.

SECTION II.

Présentez à un chien, atteint d'hydrophobie, de l'eau claire à boire, il la fuira avec horreur. Présentez-lui de l'eau sucrée, il ne la fuira pas moins.

Il en est de même du socialisme. Le socialisme enragé est un épouvantail pour la société; le socialisme qui se fait mouton n'inspire pas plus de confiance; à la première occasion, il reviendra à son naturel; son alliance avec la démocratie n'est autre chose que la paix des loups avec les brebis. Tout les sépare : les voies pour arriver au progrès, les mœurs et la religion. Si la démocratie n'eût pas été gênée, si elle eût agi seule, aurait-elle accouché de l'élection du 10 mars? Le socialisme est né de la démagogie; la démocratie est née de la liberté. Le socialisme veut briser les lois de la nature et de la société; la démocratie veut améliorer la société sans ébranlement.

La démocratie respecte la religion; le socialisme s'impose lui-même comme une religion.

Le socialisme, au besoin, sait se servir de la religion pour mieux arriver à ses fins; on l'a vu plus d'une fois en emprunter le masque pour tromper les ignorants et entraîner les âmes simples et naïves; ne le voyons-nous pas sans cesse invoquer le nom du Christ? Il l'a invoqué, toujours en grimaçant, parce que ce n'était jamais à propos. L'un nous dit qu'il est mort pour le peuple (son peuple à lui), comme si le Christ n'était pas mort pour racheter nos péchés à tous, grands et petits; comme si le Christ, en étendant sa main, n'avait pas embrassé la terre entière ; comme si le Christ, quand il disait : Laissez venir à moi les petits enfants, eût fait une différence entre eux.

Un autre nous dit que le fils de Dieu, le Christ, est sans-culotte, républicain, socialiste ! O démence ! le Christ sans-culotte ! comme Marat apparemment ! le Christ républicain ! Mais, quand il dit, Mon royaume n'est pas de ce monde ; quand il dit, Rendez à César ce qui appartient à César ; quand il se laisse juger par Pilate, sans protestation, est-ce la conduite d'un républicain ? Le fils de Dieu a son royaume dans le ciel. Il en est descendu comme consolateur des affligés, des malheureux ; voilà pourquoi les pauvres forment son cortége. Il ne leur a jamais mis le poignard à la main pour courir sus aux riches. Y a-t-il une seule de ses paraboles qui soit en contradiction avec le Décalogue ? Le socialisme a foulé aux pieds le Décalogue. Dites-donc à un socialiste italien, qui s'inspire du Christ, de répéter ces paroles du Christ : Donnez à César ce qui appartient à César ; donnez au pape ce qui appartient au pape.

Un autre enfin, dans un mouvement d'enthousiasme bachique, après avoir excité la haine entre les partis, invoque tout à coup le Christ et fait un appel à la conciliation. Dans cet amphigouri, on a cru apercevoir qu'il voulait encadrer la face du Christ dans un assignat de Cambon.

Toutes les sectes, tous les partis qui ont rêvé de bouleverser la société dans sa constitution politique ou religieuse, ne se sont pas fait faute de se placer sous la protection de Dieu ; les pastoureaux, les cabochiens, ces septembriseurs du treizième siècle, les anabaptistes, ces communistes du quinzième siècle, marchaient, précédés de la croix, à la conquête de leurs idées, comme aujourd'hui les socialistes.

Le jésuite Parama n'a-t-il pas cherché à prouver que Jésus-Christ était un inquisiteur ?

Mes très-chers frères, ne croyez point les socialistes, quand ils vous parlent du Christ ; ne les croyez point, vous surtout, paysans, habitants des campagnes, ne les croyez point ; c'est une vraie bourde qu'ils vous débitent pour vous mieux empaumer. Votre catéchisme n'est pas leur catéchisme ; ils dénigrent votre religion, par conséquent, ils blasphèment le Christ. A la place de votre religion, ils veulent mettre le socialisme ; or, le socialisme n'est pas le christianisme ; c'est la religion des païens.

SECTION III.

Deux éléments contraires qui se combattent, ne peuvent rester unis ; aucun ciment ne les lie d'une manière durable. Je ne dirai pas : Que la séparation se fasse, et que Dieu prononce : c'est à la raison seule à séparer l'ivraie du bon grain.

Le moment est venu de rompre tout pacte avec l'impiété ; à ceux dont la conversion est sincère, je dirai : Qui m'aime me suive. Je ne m'adresse pas aux socialistes seuls, je m'adresse à tous ceux que l'antagonisme politique sépare, mais sur lesquels l'humanité a encore des droits sacrés ; c'est sur un terrain vierge que je les convie à venir se donner la main. Obéissons à la volonté de la Providence, en remplissant ses desseins ; enfin accomplissons l'œuvre de la création, et que chacun, plein d'un zèle fraternel, s'empresse d'y donner son concours.

SECTION IV.

Oui, les mots jouent un grand rôle dans le monde des idées, et exercent sur les esprits une influence incontestable; leur puissance est d'autant plus grande, est d'autant plus active, qu'on affecte souvent de leur donner une origine mystique.

Elle se revêt ainsi de toutes les formes propres à enflammer les imaginations. Les hommes, entraînés par une impulsion irrésistible, suivent aveuglément la route qui leur est tracée, sans se demander où on les conduit. Ils n'aperçoivent pas le précipice ouvert sous leurs pas; ils ne s'arrêtent que lorsqu'ils ont roulé jusqu'au fond. Certains mots, jetés en pâture à la foule, sont un appât trompeur; plus un mot est vague, plus il fait fortune : pour le maître, c'est un talisman; pour l'adepte, c'est un instrument de ruine.

Tel est le mot *socialisme.*

Ce mot dit tout ce qu'on veut, et, par conséquent, ne dit rien du tout. La preuve, c'est qu'il est encore à définir, et que, tous les jours, trente journaux en donnent une définition nouvelle. Quand le sens d'un mot est aussi entortillé, qu'il faut deux cents volumes pour en donner une signification, encore incomplète, je ne comprends pas qu'on attende si longtemps pour le condamner et l'abandonner de guerre lasse d'un côté comme de l'autre. Mais, de nos jours, on aime la controverse : nous avons eu la controverse religieuse au dix-septième siècle, la controverse philosophique au dix-huitième; au dix-neuvième, nous avons la controverse politique. Ce serait amusant s'il n'y avait que des flots d'encre de répandus, et s'il ne s'y mêlait pas des flots de sang.

Le mot socialisme est nouveau, il ne se trouve dans aucun dictionnaire ; il n'a, par conséquent, point de définition grammaticale. Permettez-moi de remplir cette lacune, et pardonnez-moi surtout ma faible érudition. Le premier qui s'en est servi est l'auteur de la triade. Il lui a donné un sens qu'il n'a pas, et l'a employé sans malice ; il l'a créé pour faire opposition à individualisme. Voilà comme on glisse, quand on n'est pas ferré à glace ; on se casse le nez.

Babeuf, ce précurseur du communisme, et que le socialisme invoque comme son messie, n'a jamais pris que le titre de niveleur. Fourier, le grand pontife, se serait bien contenté d'être omniarque; mais il n'a point pensé à se proclamer socialiste ; ainsi la chose a été trouvée longtemps avant le mot : c'est pour cela qu'il lui convient si peu.

Le mot socialisme vient du latin et peut se traduire par Science sociale.

Or, où fleurit cette science sociale ? Où en est le chef ? De quelle science de ces messieurs prétend-on parler ? Ici, commencent la confusion, les ténèbres et le chaos. Il est temps de faire pénétrer la lumière dans cet antre de Cacus ; il est temps de nettoyer ces étables d'Augias.

Ce qui m'étonne, c'est qu'il se soit trouvé des hommes éminents qui, emportés par le tourbillon, aient pu prendre ce mot au sérieux. A quoi sert d'être un grand sire, si la science ne peut parvenir à définir parfaitement le sens d'un mot, de manière à le circonscrire dans des bornes précises ? Ce que je dis là est si vrai, qu'aussitôt que, dans le monde politique, se produit une proposition qui a l'apparence d'une idée philosophique et humanitaire, un haro général s'élève de tous les points de l'horizon, et l'arrête à sa naissance, sous prétexte qu'elle frise le socialisme et qu'elle pue le communisme. Avec une telle peur, est-il permis de jamais espérer le moindre amendement à notre triste situation ?

S'il existe un moyen d'arrêter le mal, il ne faut pas hésiter à l'employer. Il faut réagir sur les esprits en produisant une diversion soudaine.

A un mot vague, confus, nébuleux, opposons un mot positif, net et clair.

SECTION V.

Un mot heureux, euphonique, expressif, qui rappellerait les plus doux élans du cœur, qui réveillerait le sentiment de l'amour, de la charité, de la fraternité, non-seulement envers une partie de la société, mais envers l'humanité entière, ne réunirait-il pas toutes les conditions désirables pour se faire adopter avec empressement ?

Eh bien ! ce mot que je n'ai pas besoin de définir, parce qu'il s'explique de lui-même, c'est la *sociophilie.*

Le socialisme est le symbole d'un parti ; par cela seul, il est exclusif.

Qui dit socialiste, dit matérialiste.

La sociophilie est le spiritualisme ; par cela seul, elle peut être adoptée comme symbole par tout le monde sans faire rougir.

Tout le monde peut s'avouer sociophile.

Que de gens mêmes sont sociophiles sans s'en douter, ou peuvent le devenir sans transition, et par conséquent sans apostasie !

En effet, croit-on qu'aux élections du 10 mars et du 28 avril la partie de la bourgeoisie qui a voté pour la République contre la monarchie, ait eu l'intention d'apporter son formidable appoint au socialisme? non pas ; et je ne crains pas de le dire aux socialistes, ils seraient des niais de le croire.

Les socialistes ont tout exploité, les temps anciens et les temps modernes, pour environner leur doctrine de l'éclat des noms les plus illustres, soit dans la philosophie, soit dans l'économie politique; ils ont même escaladé les cieux.

Ce sont autant de larcins, autant de mensonges, autant de blasphèmes.

Le mystère de l'incarnation de Jésus-Christ s'est accompli en vue du monde et non en vue d'une partie de la société humaine. S'il eût dû jouer un rôle, hors de la Divinité, il eût été plutôt sociophile que socialiste.

Sully, Turgot, Colbert étaient sociophiles et non socialistes. Ils ont été les bienfaiteurs de leur pays et non les coryphées d'un parti. Ils n'ont point divisé la société en catégories.

Sur le terrain seul de la sociophilie peuvent se rencontrer la religion et la philosophie comme deux sœurs.

Sous le drapeau de la sociophilie, la fusion des partis peut seule s'opérer, parce que là est la raison, là est l'avenir, là est le vrai milieu de la société.

SECTION VI.

Agenouillez-vous devant vos dieux; encensez vos idoles de plâtre ou de caoutchouc, ô vous qui regrettez un passé à jamais perdu, petits-fils des croisés, vieilles culottes de peau, adorateurs du veau d'or! restez fidèles à vos traditions; je ne viens point vous engager à changer votre culte de latrie, mais j'en appelle à vos sentiments religieux, à vos cœurs d'hommes; tendez une main secourable aux malheureux qui vous implorent; faites disparaître le paupérisme, cette lèpre de la société, la honte de la civilisation. Si vous aimez qu'on vous place à sa tête, que le cortége qui vous suit n'en soit pas indigne par son hideux aspect : cet assemblage est une bigarrure choquante. Dans l'échelle sociale, cette disparate fait horreur; elle accuse notre barbarie; elle nous condamne devant Dieu; elle doit enfin cesser. Tout vous en fait une loi, et votre honneur, et l'honneur de la patrie, et l'intérêt commun.

Cette noble tâche peut seulement s'accomplir sous le drapeau sociophile, sans préoccupation d'aucune idée politique; la froide politique qui éloigne n'a rien à démêler avec la fraternité qui rapproche.

Oui, je sens mon cœur bondir, quand je vois un vieillard au coin d'une borne me tendre sa main décharnée; je suis prêt à maudire notre société, quand une pauvre femme, jeune encore, allaitant un enfant et tenant un autre enfant par la main, m'implore en ouvrant ses grands yeux pleins de larmes; quand un aveugle, immobile à sa place ou conduit par un chien dans les rues, tend sa sébile aux passants, je ne puis m'empêcher de tressaillir à cette vue, et de me demander si je suis bien dans un pays qui prétend se placer à la tête de la civilisation; je suis prêt à fuir au fond des bois, quand un jeune homme timide, n'osant s'approcher de moi, me regarde, et dans son silence plein d'expression me dit : Ah ! si vous saviez combien j'ai faim ! combien ma mère a faim ! Je suis sans ouvrage !

Oui, toutes ces infamies sont des signes certains de barbarie, des taches pour un gouvernement qui se dit toujours paternel.

SECTION VII.

Le gouvernement ! où est-il, le gouvernement ? je le cherche en vain, je ne le vois nulle part. En quoi son action se fait-elle sentir ? il taquine, il fait de la stratégie d'écolier ; il provoque sans dignité, il poursuit avec petitesse ; il fait le titi, le gamin. Hélas ! le gouvernement fait ce que faisaient les rois : il s'amuse ! oui, il s'amuse ! il s'appuie bravement sur les pointes de 400 mille baïonnettes ! Cent mille à Paris pour faire dormir le bourgeois tranquille ! Eloignez une baïonnette, et cent mille bourgeois désertent, et le reste ne peut plus reposer, oppressé qu'il est par un horrible cauchemar !

Plaisante manière de gouverner ! Cela fait rire, il est vrai ; mais cela fait aussi pitié.

Nommez-moi empereur, roi, protecteur, président, j'aurai bientôt trouvé, sans lanterne, six hommes que je mets à la chose ; et j'ose vous promettre qu'il ne s'écoulera pas un temps bien long, sans que chacun ait son morceau de pain assuré.

Tous les gouvernements ont des vues si profondes, qu'il n'est pas donné au vulgaire d'en sonder le mystère. C'est fâcheux qu'on ne leur ait jamais donné le temps d'en laisser venir le fruit à point. La poire est toujours tombée avant d'être mûre. Dans le labyrinthe de la politique, il y a toujours des poires en serre chaude ; celles-là, quelquefois trop hâtives, deviennent molles et pourrissent, nous l'avons vu ; Dieu veuille que nous ne le voyions plus !

Ces expectatives ne nous regardent point ; le temps nous presse et commande !

Hommes de bien, sociophiles de toutes les nuances, assez de vœux stériles ; à l'œuvre ! prononcez-vous hautement, sachez vouloir; la France est à vous. En face de l'impuissance, de l'ineptie ou de l'hypocrisie, c'est à vous de prendre enfin l'initiative.

Formons une sainte ligue contre la misère et la faim; armons-nous pour combattre ces deux terribles ennemis, l'effroi de la société; serrons nos rangs; présentons-leur un front de bataille que désormais ils ne puissent plus rompre; repoussons-les; poursuivons-les sans relâche jusqu'à ce qu'enfin ils disparaissent.

Qu'est-ce qu'une armée? une association de braves qui, obéissant à une seule pensée, les conduit à la victoire. Constituons-nous en association de braves gens, et que notre unique but soit la réalisation de notre idée.

Mais avant tout, séparons l'ivraie du bon grain, afin que le premier anneau de cette chaîne fraternelle ne soit pas d'un métal impur.

SECTION VIII.

Trois sortes d'individus sont les fléaux des sociétés. Que ce soit la faute des hommes d'État qui ont manqué de prévoyance et de génie, je n'ai point à m'en occuper; le mal existe, il faut l'extirper.

Ces trois sortes d'individus sont:

Les malfaiteurs, repris de justice;

Ceux qui courent après le travail et le cherchent à la garde de Dieu, c'est-à-dire les vagabonds;

Les mendiants, paresseux de profession.

C'est là que se recrutent les émeutiers, les barricadeurs et les faiseurs de manifestations pacifiques avec des poignards sous la blouse.

Les malfaiteurs, les repris de justice sont comme les bêtes fauves; ils se réfugient dans des terriers. Vous avez des limiers, lancez-les dans ces trous, et qu'une chasse à outrance ne leur laisse aucun repos. Il faut les enfumer partout où ils peuvent se blottir. Je n'ai pas de leçons à donner à la police; mais, dans les grands centres de population, cette espèce dangereuse ne devrait pas exister. Comme il y a des bagnes pour leur faire subir leur peine, ayez des lazarets pour ces nouveaux pestiférés où des ateliers occuperont leurs bras inactifs, quelquefois trop actifs. Il faut que tout le monde mange; si vous ne voyez pas cette nécessité, tuez-les. Mais, comme ce n'est pas une Saint-Barthélemy que je propose, arrangez-vous pour qu'ils ne soient point nuisibles à la société. Vous avez de plus que moi un œil au milieu du front. Veillez; je vous paye pour cela; à toute heure du jour et de la nuit je dois vaguer sans crainte; s'il faut que, la nuit et le jour, je sois sur le qui vive, vous ne faites pas votre métier, et c'est vous qui me volez.

La société doit s'entourer de toutes les précautions pour assurer sa tranquillité; si les règlements manquent, et même les lois, il ne faut pas hésiter à les proposer.

Pour ce qui regarde les ouvriers qui errent de ville en ville pour chercher de l'ouvrage, nous sommes de beaucoup en arrière en comparaison de certains peuples.

En Allemagne, dans quelques villes, à Brunswick, par exemple, les ouvriers sont assujettis à des règlements rigoureux.

Un ouvrier se présente, il exhibe son passeport ou son portrait; s'il n'est pas demandé par un maître, il faut qu'il fasse connaître le fond de sa bourse. S'il n'a pas d'argent, on l'invite à poursuivre sa route incontinent; on lui donne quelques pièces de monnaie, et les portes lui sont fermées. Si l'ouvrier a de l'argent, on constate la somme; si elle est suffisante pour vivre pendant un certain temps, les portes de la ville s'ouvrent devant lui; il se rend chez la mère des ouvriers de son état; il se fait inscrire pour avoir de l'ouvrage. Si on ne peut lui en procurer, les ressources s'épuisant, il reçoit l'ordre de quitter la ville.

Toutes ces mesures de prudence n'ont pas besoin de commentaires. Que peut faire un ouvrier qui est sans ouvrage? S'endetter, et ensuite, un beau matin, lever le pied; il peut faire pis encore.

Une pareille coutume, bien étudiée, a droit de fixer l'attention du gouvernement; mise en pratique chez nous, on peut en tirer les meilleurs effets.

Il est un vice qui, jusqu'ici, n'a éveillé la sollicitude d'aucun législateur. La société le flétrit; mais elle n'a pris encore aucune précaution pour se préserver de ses fatales conséquences. Il est la cause de bien des chagrins, de bien des malheurs dans les familles ; il n'est pas moins dangereux pour un État par les excès de tous genres dont il est la source ; ce vice est la paresse.

La paresse conduit à tout ce qui est condamné par une société bien constituée.

La loi punit les crimes, et le législateur s'est appliqué à en graduer les peines avec un soin minutieux.

Dans ces détails, son esprit investigateur fait preuve partout d'une sagacité remarquable ; mais il a négligé de remonter à la cause et d'en prévenir les effets désastreux. Comment voulez-vous qu'il en soit autrement? Tous les gouvernements ne se sont jamais occupés que de questions personnelles; tous les règnes s'écoulent, la moitié du temps, à traiter des affaires de pot-au-feu.

Pour prévenir un mal, quand on le peut, il ne faut reculer devant aucun moyen ; seulement il faut que la morale et la justice le justifient, et que le salut de la société le commande.

Dans tous les pays, c'est par le travail que l'on vit; il faut que l'homme travaille: c'est sa condition.

En France, dans les grandes villes surtout, il est du

devoir du magistrat sur lequel repose la tranquillité publique, de veiller à ce que chaque membre de la famille ou communauté travaille dans les conditions exigées par les réglements. Ceci paraîtra étrange, paradoxal, ridicule: c'est le sort de toute opinion nouvelle. On peut être enthousiaste de la liberté; mais il ne faut pas l'être au point de lui sacrifier le salut de la patrie.

De telle heure à telle heure, tout le monde est aux affaires; tout le monde travaille indistinctement. Tout ce qui flâne, tout ce qui godaille, tout ce qui gouape (1) pendant ce temps si précieux, est suspect à mes yeux. Assurément il y a des exceptions; cela se comprend et ne demande aucune explication; un œil exercé ne s'y trompe guère; à l'odeur seulement, pour un nez qui a l'odorat fin, la différence est facile à faire. Observez un individu, étudiez ses allées et ses venues; une heure suffira pour juger de ce qu'il est. Cet homme vit aux dépens de la société qu'il trompe et qu'il vole. Tout gouapeur est un pestiféré. Au lazaret.

Pendant les heures du travail, un individu ne doit point se trouver attablé au cabaret; tout noceur, tout godailleur est un pestiféré. Au lazaret.

Il est une classe d'oisifs, de lâches paresseux, la honte et le désespoir de leurs parents, qui échappent à l'œil vigilant de la police, parce qu'ils ne sont pas assez pervertis, assez corrompus pour voler dans la poche d'autrui; mais qui ne se font aucun scrupule de s'endetter, d'emprunter, de dépouiller leurs parents pour satisfaire leurs goûts dépravés. Devant des conséquences fâcheuses, terribles, l'autorité dont les parents sont armés, chancelle et s'arrête: le jeune homme se perd. Venez en aide à la faiblesse des familles,

(1) J'emploie ce mot, qui ne se trouve pas dans le dictionnaire, mais dont tout le monde comprend la signification.

d'un vieillard, d'une veuve, victimes d'un mauvais sujet sans pitié. Une bonne leçon peut arracher un jeune homme à une perte inévitable, et rendre la paix à une famille. C'est ordinairement un pilier d'estaminet, un flâneur ahuri, un fashionable tronqué, quelquefois un souteneur honteux; prenez toutes les mesures de précaution suggérées par la prudence, avant de vous en emparer; conduisez le jeune homme devant le magistrat; qu'il l'admoneste paternellement; emmenez-le chez ses parents; prenez leurs conseils, et agissez en vous conformant à leurs vœux. Tout sentiment n'est point éteint dans un jeune cœur; les scènes émouvantes qui se sont passées frappent son imagination; il s'arrête au bord du précipice; il n'est point perdu pour le monde.

Parlez moins de gouvernement paternel, et agissez paternellement.

Ce n'est pas tout. Il est une espèce de petit serpent que l'on dédaigne à cause de sa faiblesse, mais qui n'en est pas moins à craindre, c'est le boute-en-train de l'émeute, le tirailleur en cas d'escarmouche. Il est toujours lancé en avant pour éclairer le gros de l'armée qui se tient en embuscade; c'est lui qui s'amuse à casser les vitres et à éteindre les réverbères. Après la victoire, c'est lui qui entonne la chanson des Lampions! Vrai titi, il ne se plaît qu'au désordre.

C'est lui qui alimente cette troupe de petits vauriens qui se délectent à faire l'école buissonnière, préludant ainsi à la jouissance de la liberté la plus large possible. Dans certains moments de crise, ils apparaissent par nuées comme les sauterelles d'Egypte.

Au lieu de travailler à l'atelier, au lieu d'être à l'école, vous le rencontrez jouant au bouchon, ou aux billes, ou à la toupie, ou à pile ou face.

Prenez-moi cela par le bout de l'oreille, et conduisez-le chez ses parents ou chez son patron. S'il est incorrigible, il y a des lazarets pour cette espèce; n'attendez pas qu'il s'infecte tout à fait.

Mais, dira-t-on, c'est de l'inquisition !

Laissez crier ceux qui excusent la paresse; que les échos répètent leurs cris, que toutes les oreilles en soient frappées. Tant mieux; la moitié de votre besogne est faite, et le titi effrayé croit voir un croquemitaine dans l'ombre même d'un hanneton.

Voilà ceux qu'il faut atteindre. Voilà la vile multitude. Une loi qui aurait eu pour but de balayer uniquement ce fumier, eût été une loi sage. La colère ou la peur, comme la faim, est une mauvaise conseillère. Voilà pourquoi la nouvelle loi électorale est une sotte loi; elle ne sait pas plus ce qu'elle fait que l'aveugle qui frappe avec son bâton à tort et à travers. Elle dit: Tue! tue! Dieu saura distinguer les siens.

Si encore votre loi était impartiale! dans cet abattis général, puisque vous étiez en train d'épurer, il me semble que vous auriez bien pu grossir vos listes de proscription. Pourquoi n'avez-vous pas fait mention, dans un chapitre à part, de la vile multitude dorée?

Savez-vous ce que j'appelle la vile multitude dorée? Ce sont ces brouillons qui, dans leur arrogante nullité, ont la prétention d'être bons à tout, se mêlent à tout, mêlent tout, et dont l'entêtement aveugle prépare les catastrophes, et creuse un fossé de dix lieues où viennent s'ensevelir les couronnes et des milliers de cadavres. Savez-vous ce que j'appelle la vile multitude dorée? Ceux qui reçoivent un million de pot de vin pour faire aboutir une affaire, laquelle n'aboutit pas; ceux que l'on corrompt avec cent mille francs, et quelquefois moins; ces grecs de bonne maison qui jouent avec des cartes biseautés ou avec des dés pipés; les faiseurs de professions de foi, qui font la nique à ceux qui ont eu la bonhomie de leur accorder ce qu'ils sollicitaient à genoux. Cela peut être très-plaisant, très-joli en certain lieu ; mais ce n'est pas moins malhonnête, entendez-vous, messieurs ? L'exemple est vilain ; c'est ainsi qu'en marchant sur de telles traces la multitude devient vile ; ceux qui font la hausse ou la baisse, s'enrichissent dans une heure aux dépens de mille dupes. Savez-vous ce que j'appelle la vile multitude dorée ? Les apostats effrontés, les suppôts de la sainte Hermandad, les brûleurs d'hommes ; cette tourbe, au pourpoint de velours, socialistes au premier chef, qui s'approprient les biens de leurs ennemis, les dépouillent après les avoir massacrés, tuent Coligny, La Rochefoucauld, de La Force, et crient : Saignez ! saignez ! la saignée est aussi bonne en août qu'en mai ; ceux qui, dans leur *Kyrie eleison*, se frappent la poitrine, se signent de la croix, et s'écrient avec componction : Sainte guerre civile, exaucez-nous ! Venez à nous ! Un peu de sang ; seulement jusqu'à la cheville, s'il vous plaît, mon Dieu ! Ceux qui canonisent Clément et Ravaillac, qui ne craignent point de s'armer contre l'autorité du souverain, et s'érigent en sainte ligue, tels que les duc de Mayenne, Mousson le légat, cardinaux, évêques et tant d'autres.

En vérité, l'on dirait que, parce que l'on n'a que quatre sous dans sa poche, on n'est bon qu'à être jeté aux chiens, et que tout est permis quand on a un écu dans son gousset ! Tout beau ! tout beau ! s'il vous plaît, messieurs, un peu plus de modestie !

SECTION IX.

Et maintenant nous sommes à notre aise. La table est complétement rase. Nous pouvons mieux nous reconnaître. Entre la vile multitude de plomb et la vile multitude d'or qui ne valent guère mieux l'une que l'autre, se trouve la grande, l'immense famille qui doit s'aimer et s'entr'aider.

Là, sont les sociophiles. Qu'enfin disparaissent les Lazares demandant aux riches les miettes de pain tombées de leur table. Formons-nous en assurance mutuelle, à l'exemple des associations de secours. Ce n'est pas l'assistance ; ne sommes-nous pas égaux ? Celui qui reçoit, n'a point à rougir ; c'est un frère qui donne. Ce n'est certes pas un nouveau système que je propose ; c'est l'extension, c'est la propagande de ce qui existe chez nous, dans quelques localités et en Angleterre, dans des proportions gigantesques. Seulement, je vous signale le danger plus ou moins prochain qui vous menace, si vous vous obstinez à rester dans une inaction imprévoyante et coupable.

Permettez que je vous raconte un fait. Dans un coin du globe, un magistrat assemble son conseil et dit : Nous avons des gens pauvres qui rôdent autour de nos maisons ; cet aspect est non-seulement hideux, mais il accuse notre mauvais cœur ; ce n'est pas un opprobre pour eux, c'est une honte pour nous. Ce reproche vient de Dieu. Cette plaie doit cesser. Le soir même tout le monde eut à manger. On ne vit plus aucun vagabond. A entendre certains énergumènes et certains organes de l'opinion, à voir la marche que l'on suit en certaines régions, vous vous dites sans doute que le langage de ce magistrat est celui d'un bourgmestre d'Allemagne ou d'un mandarin de la Chine; détrompez-vous, cette résolution spontanée a été prise par le maire du petit bourg de Pacy, département de l'Eure. Méditez.

Il y a aussi une association qui se forme dans le département de Seine-et-Marne, et dont on attend le plus heureux résultat. Bon et excellent exemple. Suivez-le.

Oui, la tranquillité générale est à ce prix. Celui qui s'y refuse a intérêt au désordre. Honte à lui !

Quel sacrifice peut vous coûter pour accomplir cette œuvre d'humanité ?

O vous qui possédez, écoutez.

Vous avez une maison : vous voulez la conserver, vous l'assurez ; vous avez un champ, vous l'assurez contre la grêle ; vous avez mobilier, marchandises, vous assurez tout, moyennant une prime.

Eh quoi ! ne voulez-vous jouir qu'en tremblant de toutes ces assurances ? Pouvez-vous vous résigner à vivre incertains sur la paix de votre foyer, forcés peut-être de l'abandonner à la rage d'un ennemi furieux ? Voulez-vous être toujours à la veille de voir votre champ ravagé par des hordes de sauvages ? Vous n'avez aucune sécurité, agités que vous êtes par la crainte du désordre, par les menaces des esprits en fermentation. Non, non, ne vous faites pas illusion : la tranquillité obtenue par la violence n'est qu'une tranquillité éphémère ; le joug pèse toujours.

L'industrie paralysée, le commerce anéanti, la confiance évanouie, vous tombez dans le marasme, dans l'anéantissement ; vous auriez enfin devant vous le déshonneur, la banqueroute, la spoliation, la misère, et vous resteriez impassible devant toutes ces calamités ! Non, assurez votre repos, assurez votre honneur, assurez la paix de votre foyer domestique. Hâtez-vous de donner votre prime pour jouir tranquillement des avantages dont le sort vous a favorisés.

Vous le voyez ; donnez, donnez et vous récolterez la paix, le bonheur et la reconnaissance, moisson qui vous fera vivre tranquilles, exempts d'inquiétudes et de craintes.

O vous qui possédez, je ne viens pas vous dire : Personne n'a droit au superflu, quand chacun n'a pas le nécessaire. C'est le socialiste niais, c'est le socialiste envieux, c'est le socialiste communiste qui dit cela dans sa jalousie.

Je viens vous dire : Ayez trois fois, dix fois le superflu, acquis honorablement à la sueur de votre front, par votre intelligence et par votre travail, pour le jeter dans la circulation, afin de vivifier l'industrie, les arts, le commerce dont la prospérité fait fleurir à son tour l'agriculture; qu'un bien-être universel se répande dans le corps social, et que tout le monde mange. C'est le sociophile, ami de son pays; c'est le sociophile philanthrope; c'est le sociophile prêt à tout sacrifier pour la paix, qui vous dit cela à vous qui possédez. C'est par ce moyen, ce moyen seul que la sociophilie parviendra à absorber le socialisme et à l'enterrer.

C'est au drapeau rose que seront dus tous ces bienfaits.

Que tous les partis se fondent donc en un seul. Ils ont tout à gagner à le faire. Là seulement est leur salut. Il en est temps encore. Le moindre retard les perd à jamais.

Quelle susceptibilité aveugle élèverait des obstacles entre eux? Sont-ce leurs espérances?

Je sais que les décrets de la Providence sont impénétrables; je sais que l'avenir a des secrets dans lesquels il n'est permis à aucun mortel de lire.

Mais, quel que soit l'élu qu'il plaise à Dieu de tirer de la poussière pour l'élever, quel que soit celui que sa main puissante tienne en réserve pour le donner un jour à la France, n'est-il pas préférable qu'il soit accueilli par un peuple qui mange plutôt que par un peuple affamé?

Vous vous faites un plaisir de flétrir la République, de la rendre solidaire de quelques actes coupables pour faire croire à son impossibilité. Mais voyez donc ce qu'ont été les trois cents premières années de la monarchie. Poison, assassinats, gibets, incendies, tel fut le cortége des souverains, grands et petits. C'était le règne des coupe-jarrets. Le premier acte de la République a été de proclamer l'abolition de l'échafaud politique. Comparez et jugez. Le socialisme une fois réduit à l'impuissance, la République marche à l'éternité. La monarchie, c'est la tempête; la République, c'est le port.

Mais, je vous le dis, faites que tout le monde mange.

La gloire, la seule du moins qui reste aujourd'hui aux peuples, l'humanité, Dieu, tout vous fait une loi de satisfaire à ce vœu de fraternité ; c'est la mission sublime du dix-neuvième siècle, dont la moitié déjà s'éteint dans l'autre moitié qui nous rapproche du vingtième. Pour nous, l'heure de deux mille ans va sonner ! Il est temps que Lazare mange.

Que le peuple mange, je vous le dis ; que le peuple mange. Donnez-lui un os à ronger ; il ne vous dévorera pas. Jetez donc un gâteau, fait de miel, dans les mille gueules de ce cerbère ; il s'endormira.

Sociophiles, le ciel vous réservait d'accomplir cette œuvre sainte.

Rallions-nous donc à l'ombre du drapeau rose, et assurons-en le triomphe.

CHAPITRE III ET DERNIER.

Sous un titre frivole, quel est cet esprit léger qui se permet, en badinant, de traiter des questions philosophiques, des questions politiques et humanitaires dont la solution occupe, en ce moment, tous les peuples de la terre ? Quel est cet inconnu qui s'arroge ainsi une mission dont la grandeur exige un concours de connaissances profondes, partage d'un esprit élevé ? Dans quelle section des sciences est-il rangé ? Hélas ! il n'est pas même académicien. Il appartient bien à un pareil impertinent de venir nous donner des leçons ; passe encore si c'était monsieur tel, ou monsieur tel, qui, par sa haute position et par ses connaissances étendues, a le droit de prendre la parole et de nous faire de beaux discours dans lesquels il prouve, comme le docteur Pangloss, que tout est pour le mieux dans le meilleur des mondes possibles; il est vrai qu'à chaque phrase il se donne un démenti, qu'il vous étale avec assurance une doctrine qu'il combattait la veille, et qu'il combat, avec non moins d'assurance, une opinion qu'il exaltait naguère. Cette palinodie est un mérite de plus aux yeux de ces nouveaux admirateurs.

Voilà les hommes qu'on doit écouter; mais vous qui n'avez pas fait trois serments seulement dans votre vie...

Monsieur !...

Vous qui n'avez pas été chassé une seule fois d'un ministère par un coup de fusil, pour avoir voulu trop bien gouverner l'État...

Monsieur !...

Vous qui n'avez pas menti dix fois à votre conscience et qui ne dites pas blanc, quand vous avez dit rouge...

Monsieur !...

Vous qui n'avez pas fait cinq ou six professions de foi dans lesquelles il n'y eut jamais un mot de vrai...

Monsieur !...

Vous qui n'avez pas acclamé la République sous le péristyle du palais législatif, et, moderne Judas, ne l'avez pas trahie, en lui crachant au visage...

Monsieur !...

Vous devriez vous taire, et vous êtes indigne de vivre.

Monsieur, j'avoue mon ignorance, mon indignité; je confesse ma nullité, et je m'incline humblement devant vos grands hommes... C'est vrai, je ne suis qu'un crétin vis-à-vis d'eux. Je n'ai qu'un gros bon sens, dont j'ai usé avec peu de discernement peut-être, mais toujours avec indépendance; car je me moque autant du conclave démocratique socialiste que du conclave de la désunion électorale; je ne veux rien ni de l'un ni de l'autre, pas même du pouvoir, quel qu'il soit; et, si vous pouviez croire qu'en plaidant pour le peuple, je recherche une vaine popularité, détrompez-vous. Dieu m'en préserve! Qui ne sait ce qu'elle a coûté à ses idoles depuis les Gracques jusqu'à nos jours!

La roche Tarpéienne ou aller planter des choux à Smyrne! l'alternative n'a rien de séduisant. Quelle position peut jamais être à la hauteur d'un écrivain indépendant? Je n'en connais pas, fût-ce celle de l'autocrate.

Quant à mon savoir, il se borne à peu de chose; il ne s'étend pas loin.

En effet, la première partie de mon livre est toute écrite dans l'histoire de France; je n'ai fait que copier.

La seconde partie est dans les livres de ces messieurs, où je l'ai puisée.

La troisième partie est consignée dans le *Moniteur universel*, ce pantographe politique, qui écrit tout à la fois de la main droite et de la main gauche.

La quatrième partie appartient tout à mon curé. C'est lui qui m'a appris que tous les hommes sont frères; qu'entre frères, il faut se secourir; qu'entre frères, il faut s'aimer; il m'a appris cela dans un livre de quatre sous, qu'on appelle catéchisme, et qui, dans ses vingt pages, peut passer pour l'évangile du peuple, le seul évangile où il puisera les meilleurs préceptes, parce que là il n'y a aucun poison, et qu'il ne respire qu'amour et espérance.

Tout mon mérite est de n'avoir point oublié mon catéchisme.

Maintenant, penseriez-vous, par hasard, que je m'imagine avoir trouvé la pie au nid, et que, fier de ma trouvaille, je viens vous dire d'un ton d'autorité, comme messieurs les socialistes: Prenez mon ours ou je vous coupe les oreilles, ou je vous envoie une balle dans le ventre; non, certes.

Mais je ne cesserai de vous dire: Il faut que tout le

monde mange ; c'est le seul moyen de couper les vivres au socialisme.

Quand tout le monde aura du pain, il ne restera plus au socialisme aux abois qu'une ressource, ce sera de dire : Mes frères ! vous avez du pain, c'est bien ; ce n'est pas tout : sur ce pain , il faut maintenant du beurre. Le mot de l'énigme est alors connu.

Polichinelle n'a plus de secret pour personne ; le système est percé à jour.

Rien ne nous empêchera alors de faire les réformes sages que la raison et notre nouvelle position demandent.

S'il est vrai, comme le proclament les grands économistes, que la France peut nourrir tous ses enfants, nous sommes bien coupables, bien sauvages ; que dis-je ? nous sommes des infâmes de ne pas assurer le pain à tous. Oui, quand tout le monde aura à manger, aucune liberté ne sera dangereuse. Vous pourrez avoir la liberté de la presse, de la tribune, de la chaire, la liberté de croyance, la liberté des clubs mêmes, qui prendront nécessairement une direction morale. La démocratie sage et calme règnera dans toute la plénitude de son excellence.

Tels sont les bienfaits que promet la sociophilie à notre société, rentrée dans son lit, comme le torrent après l'orage.

Qui ne se sentirait pénétré de la pensée qui me domine ? Une fois admise, l'immense majorité de la France devient sociophile ; elle l'est déjà. L'élu du 28 avril même, s'il maintient sa profession de foi, n'est pas autre chose qu'un sociophile, et le rédacteur de la *Voix du Peuple,* abandonnant certains points de sa mauvaise doctrine, penche déjà vers la sociophilie.

Qu'est-ce que le rédacteur de la *Presse ?* Un ardent sociophile, repoussé par le conclave comme froid socialiste. Cette cause ne lui est point étrangère ; il la plaidera avec chaleur.

Pour assurer le triomphe de la sociophilie, les mille et un organes de la presse n'ont aucun effort à faire ; n'en ont-ils pas déjà adopté les principes ?

Ses principes sont au fond de toutes les questions sociales qu'ils traitent. L'illustre auteur du *Conseiller du Peuple* cherche depuis longtemps ce mot pour établir la différence entre le bon et le mauvais socialisme, dont le nom sonne mal aux oreilles.

Non, il n'y a pas de bon socialisme, n'en déplaise à certains esprits de facile composition, pas plus qu'il n'y a de bons sophismes, pas plus qu'il n'y a de bon jésuitisme, pas plus qu'il n'y a de bonne sainte inquisition.

La séparation sera désormais nette, et les seuls ennemis que nous aurons en face, ne se rencontreront plus que dans les bandes noires des partis extrêmes ; car, dans tous les partis, il y a des bandes noires ; s'il y a les bandes noires socialistes dans le parti blanc, il y a aussi des bandes noires qui ne datent pas d'hier, nous le savons par expérience.

Mais, marchons résolument vers le but. Au moment où je parle, nous lui tournons le dos. Nous sommes ainsi faits. Nous frappons toujours à côté comme les mauvais tireurs d'arc. Toutes les questions sont retournées ; on les prend par la queue. Est-ce une fatalité ? Non. Peut-il en être autrement ? Vous ne cessez d'avoir le diable au corps ; vous avez tous hérité de la colère du *Père Duchesne ;* vous ne dites, vous ne faites rien que vous ne soyez bien rouges de colère. Tant que vous vous débattrez sur un sol brûlant, et que vous ne rencontrerez que des tisons sous vos pas, comment voulez-vous avoir la tête assez froide pour admettre une bonne idée, une idée juste, une idée raisonnable ?

Suivez-moi dans la route que je vous trace. C'est le chemin du salut. Élargissons-le, afin que tout le monde s'y précipite en foule avec nous.

Si je suis un fou, un utopiste, un imbécile, au moins je n'ouvre point de précipice sous vos pieds; mon idée n'est point subversive de la famille, de la propriété; mon idée ne menace ni les lois ni l'État. Pour être profonde, la réforme que je poursuis ne déchire rien. Vous n'avez aucune crainte de vous jeter dans l'inconnu en l'adoptant.

Annonçons partout la bonne nouvelle; que le peuple vienne à nous, comme jadis il accourait au devant des apôtres; que le nombre des prosélytes grossisse; que le beau sexe, qui est aussi le bon, l'excellent sexe, exerce son influence au profit de notre cause. Ce n'est pas parce que le rose lui sied à ravir, mais parce que, lorsqu'il s'agit de soulager la misère, de tendre la main à l'infortuné, la femme, dont le partage est la douceur et la compassion, est toujours disposée à cette œuvre.

Je fais appel à ses nobles sentiments. Son rôle est désormais tracé. Voilà la part qu'elle doit prendre dans les affaires publiques; voilà comment elle doit intervenir dans la société. Sa présence doit toujours être bienfaisante comme celle d'un ange. Sa place n'est point aux banquets, aux processions échevelées, aux clubs bruyants; là, sa dignité se perd; c'est une louve, une chouette. Le ridicule la poursuit jusqu'au sein de son foyer. Si elle a à jouer le rôle de tricoteuse, que ce soit pour les malheureux ou au sein de sa famille.

Oui, la femme viendra à nous avec joie. La femme n'a pas besoin, pour être sociophile, d'un certificat de vésuvienne, délivré par une nouvelle Théroigne; elle peut s'avouer sociophile avec orgueil.

Recueillons des primes d'assurance contre la faim, contre l'incendie, contre les barricades.

Faisons de la propagande sociophile!

Enrôlons pour la République rose!

FIN

www.ingramcontent.com/pod-product-compliance
Ingram Content Group UK Ltd.
Pitfield, Milton Keynes, MK11 3LW, UK
UKHW020126200726
13856UKWH00002B/756

9 782011 774828